この1冊でサロンメニューが増える!

サロンで使える 実践 フェイシャルテクニック

実践 基礎〜応用

小野浩二

BAB JAPAN

はじめに

本書で学んだフェイシャルテクニックを　あなたのサロンメニューにプラスして

最近では、エステサロン、アロマサロン、その他健康・美容に関係するサロンを街でたくさん見かけるようになりました。

年々増加する世の中のニーズに応じてサロン数も増えているんですね。

ところが、同時にライバル店も増えたために競争に勝つことができず、閉店を余儀なくされるサロンも多々あります。

今から十数年前の繁盛店といえば、お客様がすぐに効果を実感できるサロンでした。しかしその後、癒し業界の発展の影響で、“コンプレックスを改善するサロン”から、“癒しを提供できるサロン”が求められるようになり、売上げを伸ばしました。

けれども、そんな状態も長くは続かず、数年で癒しサロンの数が一気に増えて飽和状態となり、それに加えて、社会現象となったリーマンショックの影響で沢山のサロンが閉店へと追い込まれてしまったのです。

でも、こうした状況下でも、売上げが下がらなかったサロンもあれば、逆に売上げを伸ばしたサロンもたくさんありました。

それは、「確かな技術」、「お客様を満足させる接客」を提供できるサロンです。

それでは、この２つの要素が一体どんなものなのかご説明いたしましょう。

1. 確かな技術･･･結果の出せるテクニックに加え､気持ちがよく､癒される。

2. お客様を満足させる接客…癒しを与えられる会話、お客様を納得させられる知識と指導力。

…です。この２つの要素をしっかりと身につけ、提供できるサロンこそが、お客様がリピートしたくなるサロンなのです。

一般的に、エステティックサロンでは、効果を出すことを第一に考えるサロンが多いようです。一方、アロマサロンでは、「気持ちがいい」、「癒される」ことを考え施術をしているところが多いと思います。

しかし今、お客様が求めているのは、「効果あればいい」、「癒されればいい」というだけのサロンではなく、両方を同時にできるサロンなのです。

つまり、癒しだけの時代ではなく、「癒し」＋「効果」を同時に提供できることが重要になってきたということです。

「癒し」と「効果」を同時にお客様に満足させるには、確かな技術を身につけていなければなりません。

お客様が私たちの技術を見る目も日々進歩しているので、常に同じテクニックだけを提供していたのでは飽きられてしまいます。

エステティシャンやセラピストは常に、新しいテクニック、より満足を提供できるテクニックを身につけなければなりません。

そこで今回、皆様の新たな学習ツールとして私のフェイシャルテクニックをご紹介させていただきます。本書を活用していただき、新たなテクニックを身につけて、新メニューとしてご自身のサロンに取り入れていただけたら幸いです。

小野浩二

✦ Contents ✦

Chapter 1

フェイシャルトリートメントの基礎知識

この章では、フェイシャルトリートメントをおこなうにあたって必要な知識である、皮膚や表情筋についての説明をします。ニキビ・たるみ・シワ・むくみといった4大肌トラブルのメカニズムも説明していますので、トリートメントをおこなう際には、これらのことをしっかりと踏まえて、説得力のあるトリートメントをおこないましょう。

フェイシャルトリートメントとは

お客様にとっての“理想の肌”を知ろう

顔は、外界との接触が最も多い部分であると同時に、最も人目につきやすい部位でもありますよね。だからこそ、多くの女性は“顔の肌”に多大な関心を抱いているのです。

そこで、まずはお客様が理想としている肌とはどんなものなのかを知ることが重要です。女性たちの憧れる肌を知ることで、一体どんな肌に導けばお客様に満足していただけるのかわかると思います。

以下に挙げたのは、多くの女性が憧れる美しい肌の条件です。

- ■肌表面がなめらかで、すべすべとしている
- ■肌に触れたとき、柔らかく、弾力とハリがあり、過度の抵抗を感じない
- ■肌の血液循環がよく、血色がよく、くすみがない
- ■肌の感覚機能が正常かつ、皮脂や汗の分泌が適量でしっとりしている

上記のような美しい肌を保つために、女性たちは化粧品を使い、スキンケアをし、エステティックサロンを利用する場合が大半です。

また、多くの女性がこのような肌をクリエイトしてくれるフェイシャルトリートメントサロンに通い、美しい肌を手に入れることに憧れを抱いています。

サロンメニューに　フェイシャルトリートメントを取り入れる

フェイシャルトリートメントはエステサロンには必ずといっていいほど存在するメニューです。

しかながら、アロマサロンや癒しが専門のサロン、またヘアサロンなどでは、フェイシャルトリートメントのメニューを取り入れていないお店を多く見かけます。それはとてももったいないことだと私は思います。前述したように多くの女性は美しい肌に憧れを持っています。サロンメニューの１つにフェイシャルを入れることは、サロン繁栄のポイントになると言えるでしょう。

フェイシャルにはたくさんのメニューが存在します。
例えば、美白ケア、ニキビケア、保湿ケア、毛穴ケア、リフトアップフェイシャル…などなど、その他にも存在します。

このように、たくさんのメニューがありますが、フェイシャルの基本テクニックはすべてに共通します。

つまり、フェイシャルの基本テクニックを覚えることで、豊富なメニューをサロンに取り込むことができるようになるのです。

サロンのコスメを購入していただくことが売り上げアップの条件

基本的なテクニックを覚えることができれば、あとは、お客様の肌状態に合わせて、化粧品を選択していきましょう。

フェイシャルのよいところは、サロンで扱っている化粧品を購入していただければ、売上げが一気に伸びるということです。
トリートメントや化粧品を気に入っていただければ、お客様は商品を買い続けてくださいます。
クレンジング、洗顔、化粧水、美容液、クリーム…とすべて利用していただけるようになれば、客単価は上がります。
そして、さらに気に入っていただければ、リピートしてくださります。

コスメティクスの販売はサロンの利益を上げるために、とても重要なポイントであるということを知っておきましょう。

もっと言うと、売上げの伸び悩みをしているサロンの多くは、リラクゼーショントリートメント専門のサロンです。リラクゼーションのマッサージだけでは、売上げに限界があるんですね。

美容は、一生の仕事。それなら沢山の手技を身につけよう

フェイシャルによって得られる、美しい肌は女性の永遠の憧れです。

すべての女性の心を動かすメニューだからこそ、フェイシャルのメニューを導入することによって新たなお客様の獲得、リピート客の獲得、化粧品による売上げアップが期待できます。

そんなことから、今ではエステサロン以外でもフェイシャルのメニューを取り入れつつあります。ですから、フェイシャルのメニューをお持ちでないサロンはいち早く、テクニックを身につけメニュー化することをおすすめいたします。

美容の仕事、癒しの仕事は女性にとって一生の仕事だと思っています。ハードワークなボディトリートメントや、癒しのメニューだけでは自分の身体が先に疲れてしまいます。せっかく一生の仕事を身につけたのですから、身体の負担を減らして長く仕事が続けられるようにしたくありませんか？　そのためには、売上げ効率がよく、リピート率が高くて、疲労度が低く、フェイシャルメニューも必要になるのではないでしょうか。10年後、20年後のビジョンを見据えて、サロン運営をすることが大切だと思います。

ただ、フェイシャルテクニックはメリットが多いですが、ボディテクニックとは違い、非常にデリケートなところが多いのも覚えておかなければなりません。細心の注意を払って行わなければならないということを心得ましょう。

皮膚の基礎知識

皮膚の基本構造とはたらき

皮膚は「肌」とも呼ばれ、私たちの身体全体を覆い、生命活動を守る人体最大の器官です。

たとえば、暑い時に汗をかくことで水分を出したり、体温を適切な温度に保ったり、痛みやかゆみを感じたりすることで身体を危険から守る役割を果たしています。

皮膚の面積は一般の成人で約 1.6㎡、厚さは、表皮と真皮で 1.5 ～ 2.0mm です。重さは体重の約 8%です。

皮膚は外側から、表皮、真皮、皮下組織の 3 層構造をしています。その最も外側の表皮は、スキンケアにおいても重要な部分です。表皮の厚さは

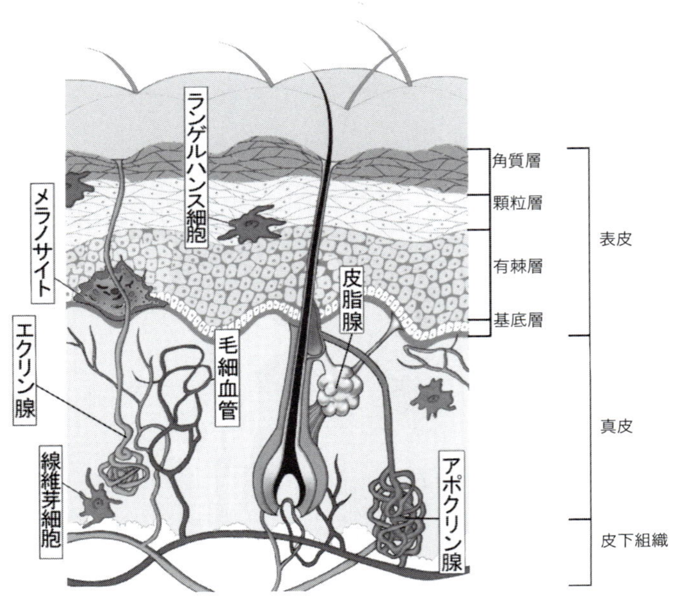

図：皮膚の断面図

約 0.2mm ですが、この厚さは身体の部位によって異なり、足裏や手掌は厚く、目の周りは非常に薄くなっています。

表皮はさらに 4 つの層に区別され、表面から、角質層、顆粒層、有棘層、基底層の順に構成されています。主に基底層で表皮の細胞（角化細胞）が作られ、作られた細胞は細胞分裂によって形を変えながら、基底層から有棘層→顆粒層→角質層へと細胞を押し上げて移動します。最終的には角質細胞となって皮膚の最外部へ移動し、最後には角片（アカやフケ）となってはがれ落ちます。

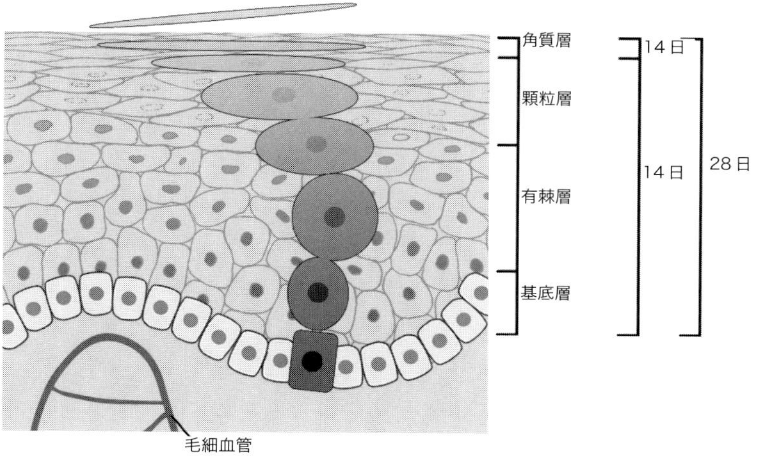

図：ターンオーバー

真皮には線維芽細胞《せんいがさいぼう》や肥満細胞が存在しています。線維芽細胞はコラーゲン（膠原線維《こうげんせんい》）、エラスチン（弾性線維《だんせいせんい》）、基質を産生する細胞で、肥満細胞は免疫系に関与する細胞です。

コラーゲン（膠原線維）は水分を除く真皮の約 70％を占め、きわめて強靭な線維でできています。伸展性はありませんが、張力に対して強い抵抗性があります。エラスチンは弾力性に富む線維で、顔面や頭皮に多く存在します。肌のハリや弾力はコラーゲンやエラスチンによって保たれています。

真皮の線維や細胞との間を満たしているゲル状の成分は基質と呼ばれ、主成分はムコ多糖類（ヒアルロン酸、デルマタン硫酸、コンドロイチン硫酸）、糖たんぱくなどです。

真皮の下にある皮下組織は、皮膚とその下にある筋肉と骨との間にある部分で、脂肪を多く含んでいるために皮下脂肪組織とも呼ばれていおり、真皮との境ははっきりしていません。
皮下脂肪は一般的に男性よりも女性に多く、女性の体の丸みや曲線美はこれによって作られているんですね。
また、脂肪細胞の主な働きは筋肉や内臓を守るクッションの役割です。また脂肪細胞は熱伝導率が低いため保温作用としての働きもあります。さらに、余分なカロリーを皮下脂肪として蓄える貯蔵作用もあるんですよ。

ニキビに関する基礎知識

【原因】

ニキビは思春期の男女に多くみられ、特に脂性肌の人によくできます。思春期になると性腺の働きが活発になり、男性ホルモンを主とした性ホルモンの分泌が増えることが原因です。

しかし脂性肌の全ての人にニキビができるのではなく、毛包《もうほう》の角質が厚くなって毛孔《もうこう》を狭くすることで、皮脂が皮膚表面へ流れていくのを妨ぎ、結果的に毛包に皮脂が詰まってしまうことによりニキビが形成されていきます。

【過程】（下図参照）

■毛包に皮脂が詰まって表皮がザラザラしてくる。特に皮脂の多い顔の中心部にできやすい（第一期）

■毛包に詰まった皮脂が固まり、面皰《めんぽう》という小さな円柱状のかたまりができます（コメド）。表面が白いものを白ニキビ、表面が黒いものを黒ニキビと呼び症状的には同じレベル（第二期）

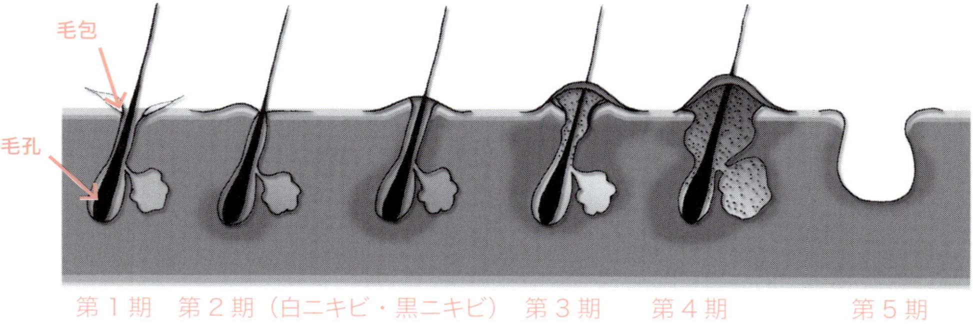

図：ニキビの発生 断面図

■面皰《めんぽう》を中心に周りの皮膚が赤くなって固まってきます。この時、ニキビの原因菌であるアクネ桿菌によって炎症（丘疹）が起こります。自覚症状もある状態（第三期）

■赤ニキビが悪化し表皮ブドウ球菌などが増殖するため、膿を持った状態になる（膿疱）（第四期）

■炎症によって皮膚の真皮組織が破壊され、ニキビ跡（瘢痕《はんこん》）となります。これには、皮膚が隆起して、しこりになるものと、陥没するものがあり、多くの場合は色素沈着を伴う（第五期）

【お手入れ方法】

　ニキビケアの基本は肌を清潔に保つことです。そのためにはまず、丁寧な洗顔を心がけ、ニキビの原因である毛孔の詰まりや、余分な角質や皮脂のかたまりをしっかりと取り除くことが重要です。

　老化角質を除去する方法のなかには、酵素洗顔、ピーリングなども有効です。洗顔後は殺菌効果のある化粧水や油分の少ない乳液を使って、肌を整えるとよいでしょう。

　また、炎症のひどい部位については、メイクアップは避けたほうがよいでしょう。

【ニキビケアのポイント】

■過剰な洗顔はしない

洗いすぎは乾燥を招き、さらにそれを修復するために皮脂分泌が過剰になることがあります。朝、夜の１日２回で十分です。また、すすぎを丁寧にしっかりとおこないましょう。洗顔料がニキビを悪化させることがあります。特に髪の毛の生え際、フェイスラインは丁寧に。

■つぶさない

ニキビをつぶすと雑菌が入り化膿する場合があります。また、皮膚組織を破壊してしまい色素沈着として残ってしまいます。

■顔を触らない

手には雑菌がたくさんついているため、ニキビを悪化させてしまう原因になります。また、触ることで刺激になりニキビを悪化させます。

■前髪を上げ、髪をまとめる

髪の毛がニキビに触れると刺激になりニキビを悪化させます。髪の毛も雑菌が多く、整髪料もニキビを悪化させる原因になります。

たるみに関する基礎知識

【原因】

たるみは、皮膚の弾力の低下や表情筋の緩みなどで起こる老化現象の一つです。目元、頬、顎に多く現れ、シワを引き起こす原因にもなります。口角から小鼻までできるシワ、いわゆる「ほうれい線」は頬のたるみが生じることによって起こるとされています。

原因は、皮膚の弾力を保つ真皮のコラーゲンやエラスチンの変質、さらに乾燥や紫外線の影響を受けることでコラーゲンやエラスチンの構造が崩れ、弾力の低下がおこり、重力の影響にってたるみが生じるからです。

表情筋の衰えも原因の一つとなり、目の下や頬、顎などの皮下脂肪の多いところでは、筋肉が衰えると、皮膚を支えきれずにたるませてしまうことになります。

【ポイント】

■コラーゲン線維の弾力が失われることが大きな原因です。コラーゲンの量を増やす作用があるとされているレチノールやビタミンＣ誘導体などを配合した化粧品の使用が効果的です。

■代謝を高めるマッサージも効果的です。

■美顔器などで表情筋や真皮の活性をおこなうのも効果的です。

【たるみが目立つ部位】

■頬のたるみ毛穴

初期のたるみで、皮膚を支えているコラーゲンが緩んでくるために起こります。

■ほうれい線

小鼻から口角にかけて、よくシワと間違えられます。頬の厚い脂肪を支えきれなくなりたるみが原因です。徐々にはっきりとしてくる傾向があります。

■二重顎

フェイスラインのたるみです。頬から顎にかけての脂肪がたるみ、皮膚が支えられなくなり、二重顎になります。またリンパの流れの滞りも原因となります。

■涙袋

目元の皮膚は元々薄く、その皮膚がたるむことによってできます。目のまわりの脂肪を支えきれなくなりたるみます。眼輪筋（p.20 参照）の衰えも原因です。

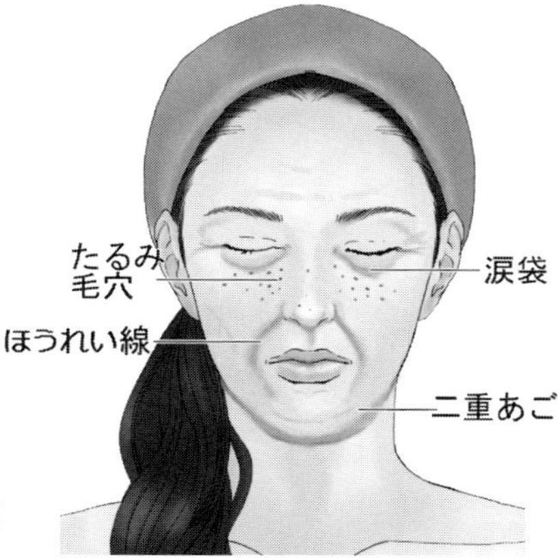

図：たるみが目立つ部位

シワに関する基礎知識

【原因】

シワは表情筋の運動の繰り返しによって皮膚の表面に細かい溝ができたもので、表皮や真皮の変性によって起こります。皮膚が若いときは肌に弾力があるため、一時的にできたシワはすぐに戻りますが、年齢とともに肌の老化が起こることで肌の弾力そのものも低下し、一時的にできたシワも戻りにくくなります。

皮膚の乾燥によって一時的にできるシワを「表皮性シワ」と呼び、乾燥が主な原因とされています。

表情筋の運動によって繰り返されてできたシワを「真皮性シワ」と呼び、小ジワと大ジワに大別されます。小ジワは表情筋の方向と垂直に刻まれた細かいシワで、大ジワは老化ジワとも呼び、口の周り、顔の輪郭にできる加齢によるたるみをともなったシワを指します。

これらのシワは真皮の構造的変化によって起こり、ハリを与えるコラーゲンの変性、肌の弾力を決めるエラスチンの変性、コラーゲン、エラスチンを生産する線維芽細胞の働きの低下が原因となります。これらの構造の変化に最も影響を与えるのは紫外線といわれています。

【シワができやすい部位】

■目元…皮膚が薄く弱い。動きが多いためにシワになりやすい。

■額…頭皮がたるむと額にシワができやすい。

■眉間…考え事、悩み事などがあるとシワができやすい。

■口元…乾燥しやすい部位。歯肉が痩せた人はシワになりやすい。

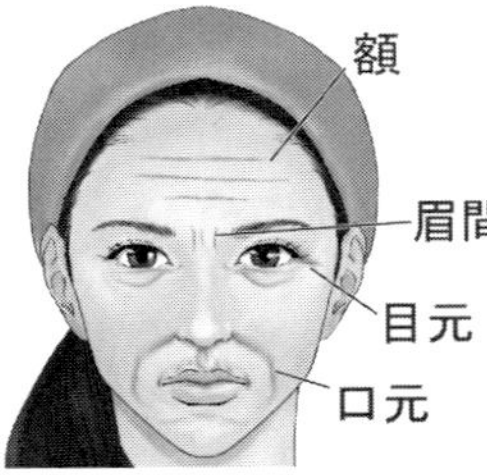

図：シワができやすい部位

むくみに関する基礎知識

【原因】

むくみの主な原因は、代謝の低下、血液循環やリンパの流れが滞ることによって起こります。顔での循環が滞ると、フェイスラインでは二重アゴの原因になります。また、まぶたがむくむことで、腫れぼったい目になり、人に与える印象は悪くなります。このようにむくみは、人に与える印象が変わります。逆にむくみを改善することで、いい印象を与えることができるようにもなります。

【むくみやすい部位】

■フェイスライン…フェイスラインのむくみを放っておくと、たるみの原因にもなります。本格的な二重アゴの原因にもなります。

■目元（まぶた）…朝、起きたときによくむくむ部位です。むくみを放っておくと、目元のたるみになる場合があります。

【むくみケアのポイント】

■血液循環、リンパの流れを促進するマッサージを定期的に行う。

■代謝をあげるためには、定期的な運動を行う。

■半身浴などで汗をかくようにする。

表情筋の基礎知識

表情筋の構造とはたらき

人は泣いたり、笑ったり、怒ったり、悲しんだりといろんな表情をすることができます。これらの表情は顔の20種類あまりの筋で作られ、この顔の表情を作っている筋肉は表情筋です。これらは皮膚に筋肉がついているという点で、普通の筋肉とは違っています。このような筋肉を皮筋といいます。この皮筋は皮膚を動かすことができます。馬のような多くの四足獣は皮筋が体の多くに分布しており、虫などが体についたときにぴくぴく動かすことができます。人間の場合は全身ではなく、首から顔にかけてのみに限られています。しかし、人間の皮筋は特別な発達をとげ、顔の皮膚を微妙に動かし、他の動物ではできないような表情を作ることができるのです。

表情筋は、体の筋肉と同じように放っておくと老化して衰えてきます。これが顔のたるみの原因の一つとされています。

主な表情筋

■眼輪筋（がんりんきん）
目の周りにある筋肉で目を閉じる筋肉。この筋肉を鍛えることで、目元に張りを与え、目じりのシワの予防にもなります。
（近年は、パソコンなどの普及で目を酷使している人が多いです。目の周りの筋肉は日常の疲れがたまりやすいところです。）

■皺眉筋（しゅうびきん）
眉毛をしかめるときなどに収縮する筋肉で、睡眠中にも収縮する。目の疲労に関係する筋肉。（加齢と共に眉毛も下がってきます。きりっとした眉毛になることで、若々しさが戻ってきます）

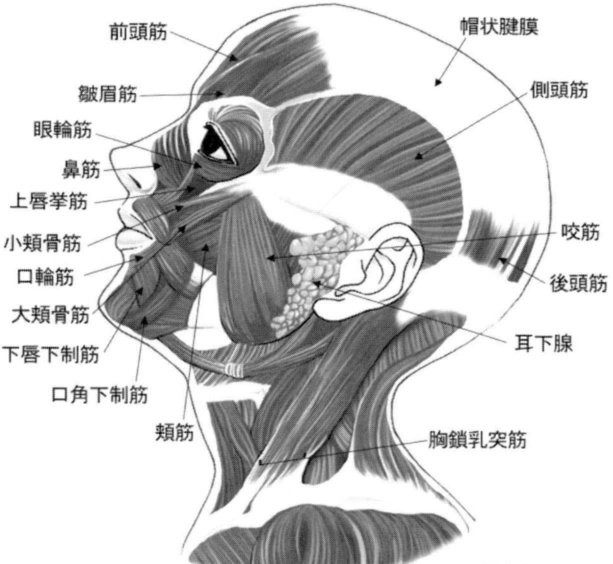

図：表情筋

■側頭筋（そくとうきん）
顎を閉じたり、引いたりする筋肉ですが、老化と共に垂れ下がってきます。
側頭筋の緩みはフェイスラインのたるみに影響してきます。

■前頭筋（ぜんとうきん）
額から頭頂部に向かっている筋肉。顔全体の筋肉を引っ張っている筋肉で、この筋を鍛えることによって、額のシワ、顔全体の引き上げ効果が期待できます。

■上唇挙筋（じょうしんきょきん）
上唇と鼻を引き上げる働きをする筋肉です。

■大頬骨筋（だいきょうこつきん）
口角を斜め上に引き上げる筋肉で、笑うときに使われます。この筋肉が衰えると頬のたるみの原因になります。頬の部分はシミやくすみができやすいので、この部分の血流をよくして、新陳代謝をよくすることが大切です。

■小頬骨筋（しょうきょうこつきん）
上唇を後上方に引き上げる働きをする筋肉です。この筋肉が衰えるとたるみの原因になります。また、脂肪がつきやすい部分でもあります。

■頬筋（きょうきん）
頬の下にある筋肉で、物を吸うときに使う筋です。この筋を鍛えることで、リフトアップし、小顔効果も期待できます。

■口輪筋（こうりんきん）
口の周りを囲んでいる筋肉です。唇を閉じるときの筋で、口笛を吹くときに使われる筋肉。この筋肉を鍛えることによって、老化による口のたるみを予防し、つやのある唇を作ります。

上記に上げたのは、フェイシャルテクニックをおこなうにあたって覚えておくべき基本的な部位です。しっかりと勉強することで説得力のあるトリートメントができるようになるでしょう。

Chapter 2

トリートメントのプレ・ベーシックテクニック

チャプター2では、基本的な立ち方や身体の使い方、ターバンの巻き方など、どんな手技でも必ずおこなう基礎中の基礎を勉強します。お客様からの第一印象を決めるテクニックばかりなので、しっかりと正しいやり方を身につけましょう。

Facial Treatment Pre Basic

基本姿勢

フェイシャルトリートメントでは、ついつい手先のテクニックを優先してしまいがちです。しかし、セラピストとして長い年月活躍するためのことを考えた場合、手先のテクニックではなく、姿勢や腕の使い方、手の使い方をまずはしっかりと理解して身に付けることが大切です。

スタンディング

Good

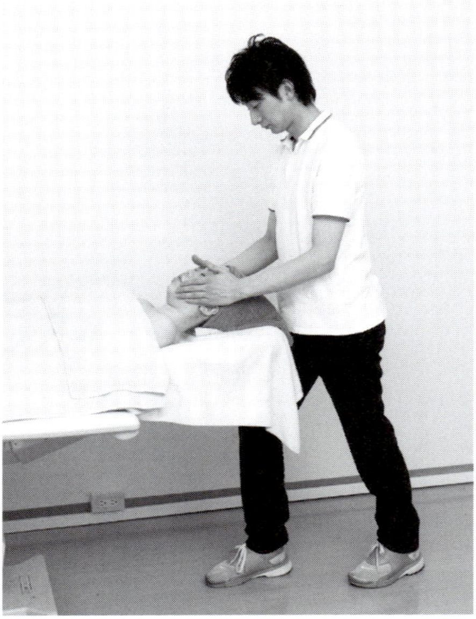

フェイシャルを立っておこなう場合、ベッドの高さは、肘関節を100度から120度くらい曲げて手を伸ばしたときに、ちょうど顔を包み込むことができるくらいがベスト。腕やデコルテなどおこなうときには体重移動が必須なので、写真のようにスタンス位置と幅が適度に取れて、体重移動がスムーズに行えるのが好ましい。

Bad

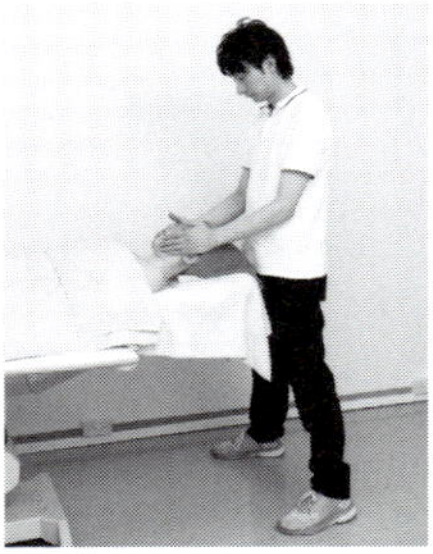

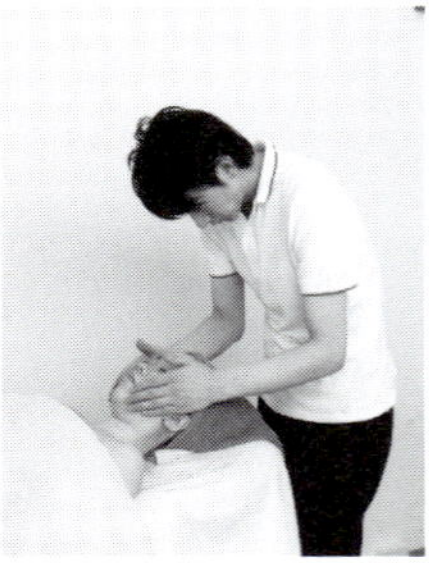

写真左のように、仁王立ちのような並行スタンスは前後の体重移動が上手くいかず、腰を痛める可能性も高いのでおすすめしない。猫背になりすぎのもNG。左右のトリートメントの力加減にズレが生じやすかったり、視野がずれる場合がある。

シッティング

Good

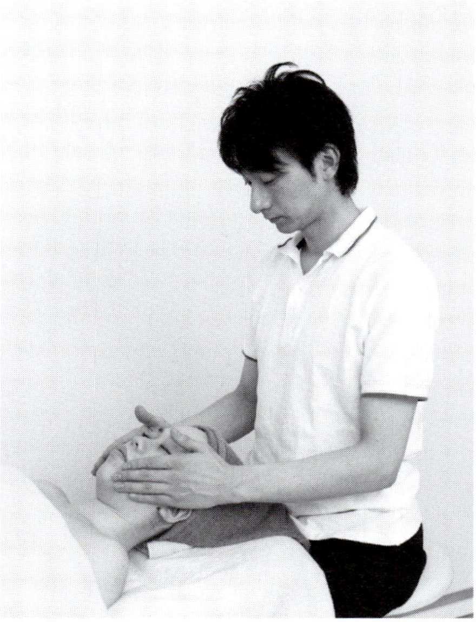

クレンジングなど椅子に座っておこなうときは肘関節が 90 度程度が望ましい。スタンス位置と幅が適度に取れて、体重移動がスムーズにおこなうことができるとトリートメントが安定する。

Bad

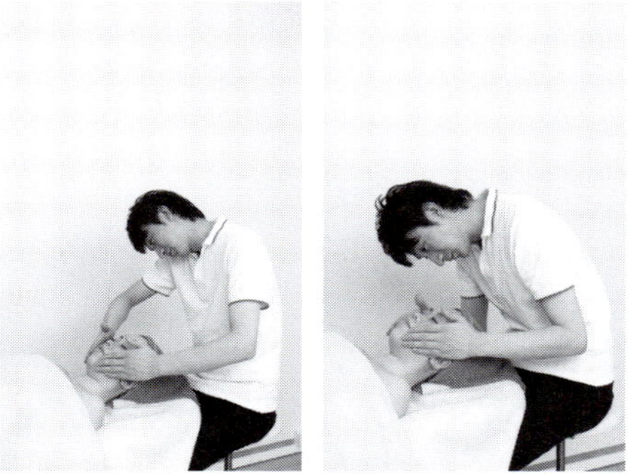

首の傾きは身体のバランスを崩しやすく、エステティシャンの肩凝りや障害の原因となる場合があるのでNG。腋も開けすぎないように注意すること。腋があくとトリートメントに安定感がなくなり、細かい手技に粗が出る。
また、上体がお客様の顔にかぶさってしまうとトリートメントに安定感が不足したり、肩こり、腰痛の原因になりかねないので注意すること。

正しい手と身体の使い方

基本姿勢を身につけたら、次は手技をおこなうときの基本の型を終えましょう。手のひらを密着させたり、手技のしやすい身体の型を身につけるのは、基本中の基本です。しっかりと自分の型を見つけましょう。

手の使い方

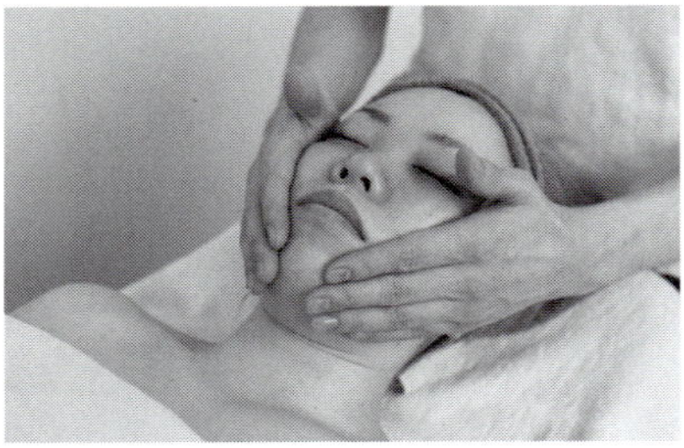

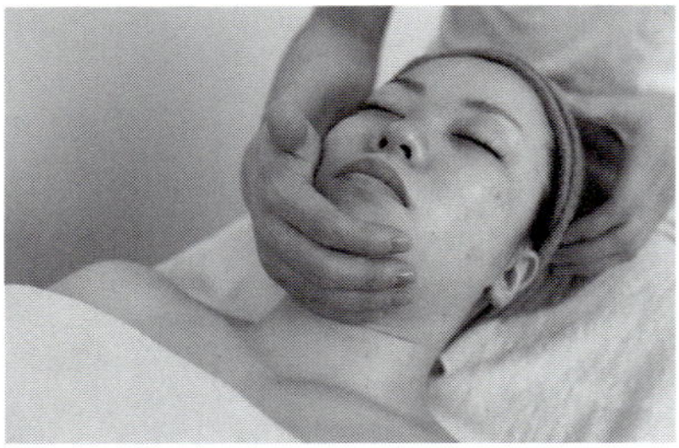

Good

手のひらの密着は癒しを与えるテクニックの基本。密着するためには手の平全体に均一に圧をかけるようにすることが重要。

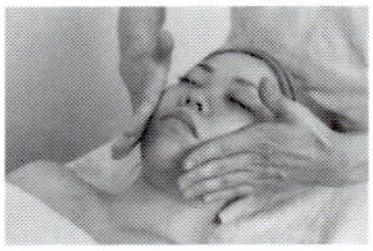

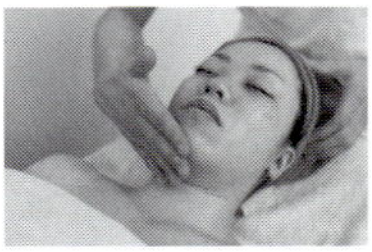

Bad

写真のように、手のひらの一部分だけしか密着していない場合や、指先だけしか触れていないのは NG。均一に圧がかかるように、しっかりと全体を密着させること。

身体の使い方

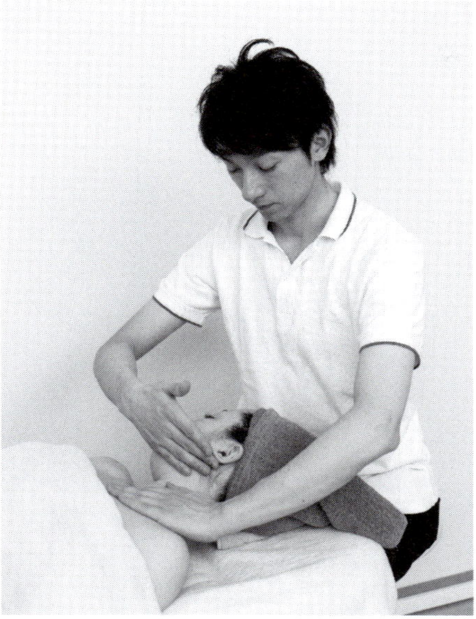

Good

左右どちらかに傾いて、トリートメントをおこなうときは、腕の向きだけを変えるのではなく、身体も移動させる。この場合、手と並行の位置になるように身体を移動させること。

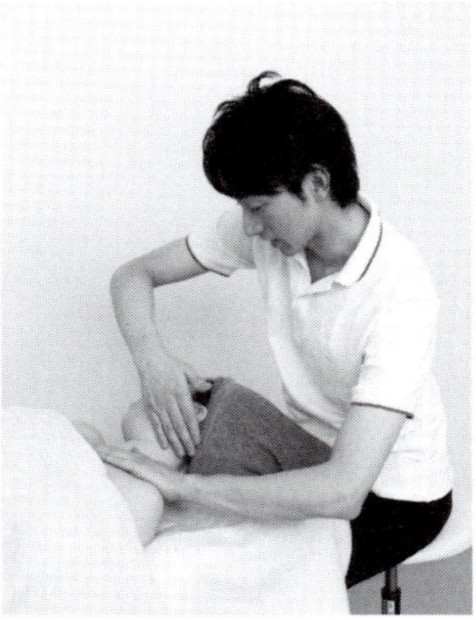

Bad

体が傾きすぎているため、左右のトリートメントに微妙な力加減のズレが生じやすく、視野もずれやすい。首の傾きは身体のバランスを崩しやすく、肩凝りや障害の原因となる場合があるので注意すること。

ターバンの巻き方

ターバンを巻く動作はセラピストがお客様に触れる最初のテクニックです。ターバンの巻き方の良し悪しによって、お客様に安心感を与えることができるかどうかを左右します。
丁寧に、なおかつ手際よくおこなうことがポイントです。

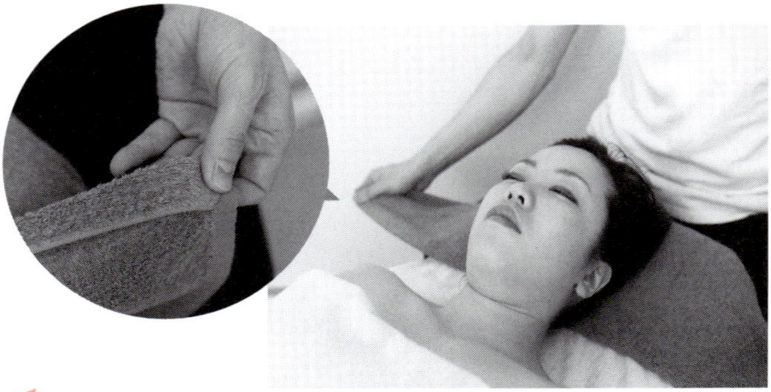

1 タオルの襟を２ｃｍほど内側に織り込んでおく。

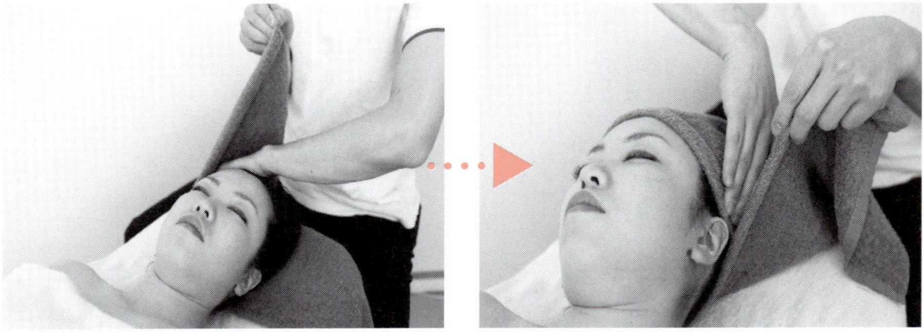

2 片方のタオルを額生え際に沿いながら耳元までもっていく。

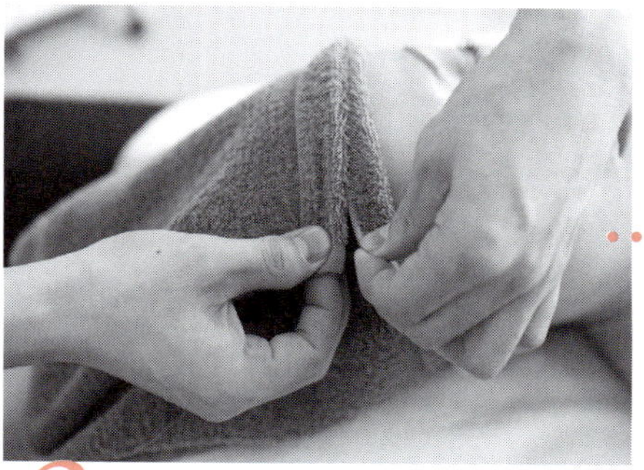

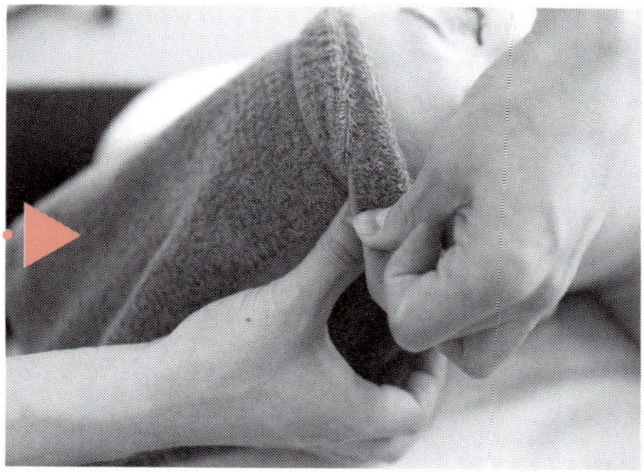

3 反対側のタオルを、額中央のあたりでタオルの端を２ｃｍほど織り込んだ部分に入れ込む。

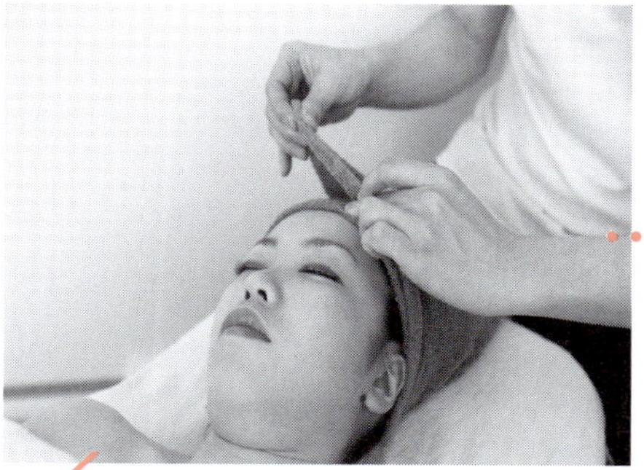

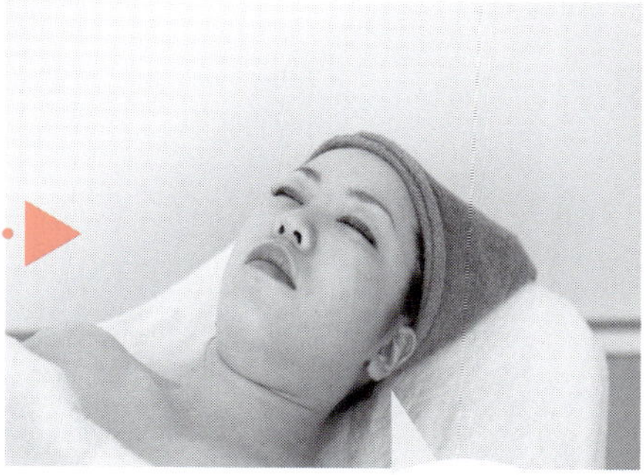

4 額をすべて出すために、指をターバンの端に沿いながら、
額中央部まできて、髪の生え際まで額を出す。

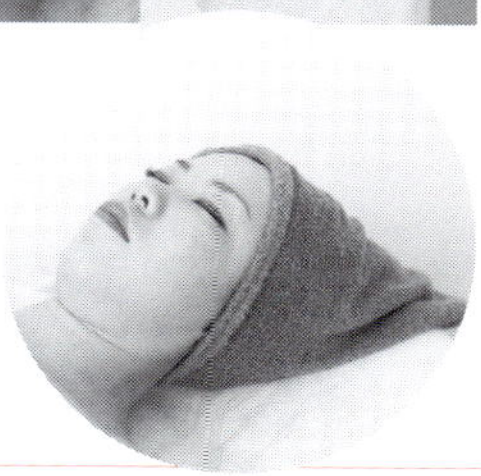

パックなどをするときは
耳を隠すと○。

デコルテのタオルワーク

デコルテ以外の施術中（顔のマッサージ、パック中など）にデコルテ部分が寒くならないために胸元に小さいタオルをのせるのがデコルテのタオルワークです。デコルテ部分のタオルの開閉がおこないやすいようにするのがポイントです。

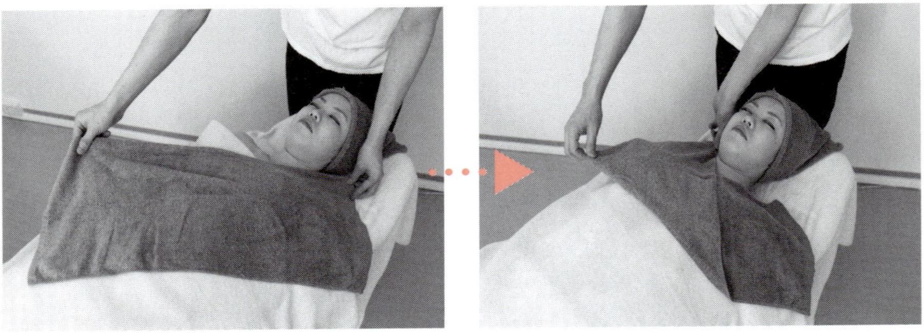

1 タオルを片方の肩から胸元にかけて斜めに置き、胸部中央で折り返す。

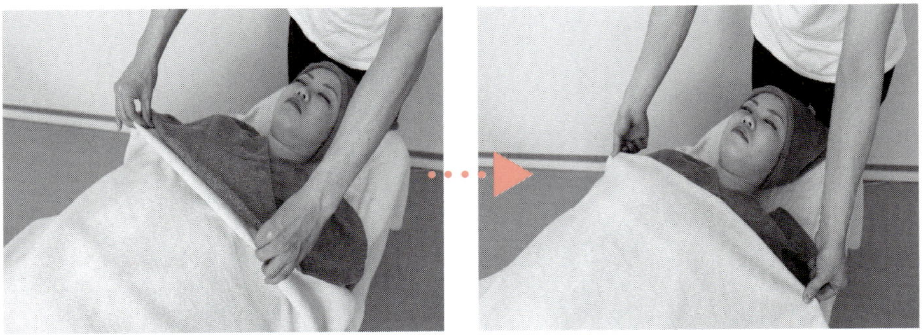

2 小指、薬指でタオル（白色）の端を持ち、親指、人差し指で折り返しているタオル（茶色）を持つ。次に、白いタオルを浮かして茶色のタオルを下に入れて折り返し、キレイに整えてのせる。

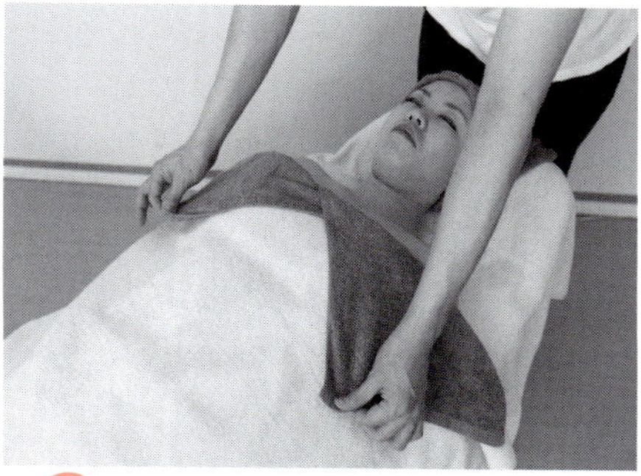

3 最後に胸元のタオルを折り返し、デコルテ部分を出す。

Point!

■ 胸元のタオルをキレイに扱わないと大きいタオルが濡れてしまうので注意すること

■ デコルテの部分はしっかり出して、デコルテのマッサージが行えるようにしましょう

ポイントメイクの落とし方

ポイントメイク落としは繊細なテクニックを必要とします。特に目元はデリケートです。しっかりとしたコットンの使い方をマスターして、ポイントメイク落としのテクニックを身につけましょう。

◆コットンの使い方

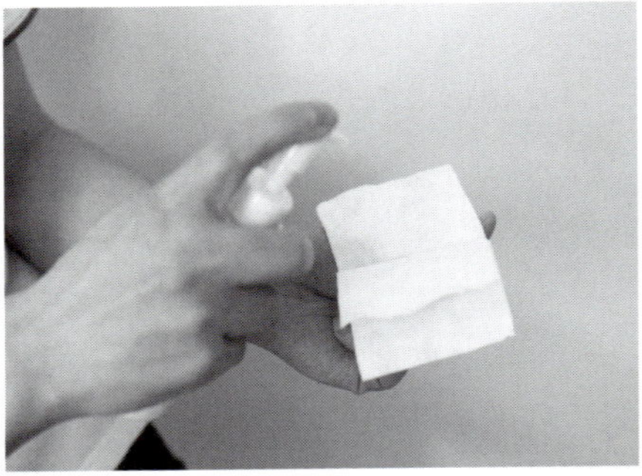

1 コットンを３枚程使用し、それぞれにクレンジング剤（ポイントメイク落とし用が望ましい）をなじませる。

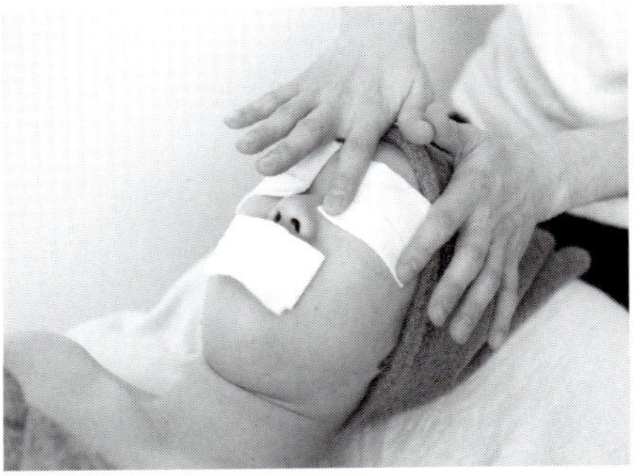

2 目元（眉部分も）、口元にクレンジング剤をなじませたコットンを１～２分置き、マスカラ、アイライン、口紅などをクレンジング剤となじませる。

◆アイメイクを落とす

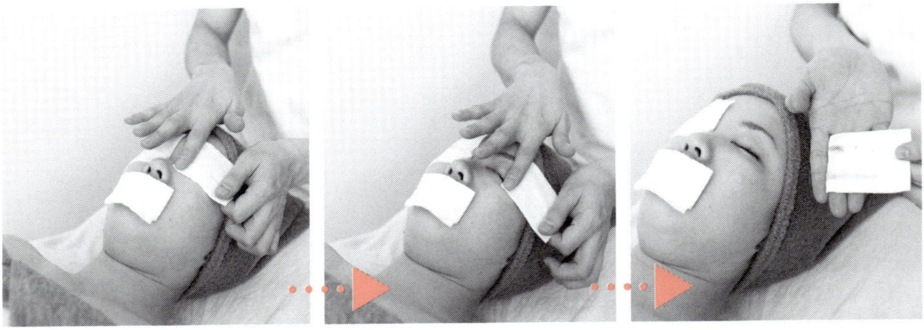

1 左手でコットンの端を持ち、右手でやさしく圧迫しながらサイドに抜けて、アイシャドウとアイブロウを落とす。

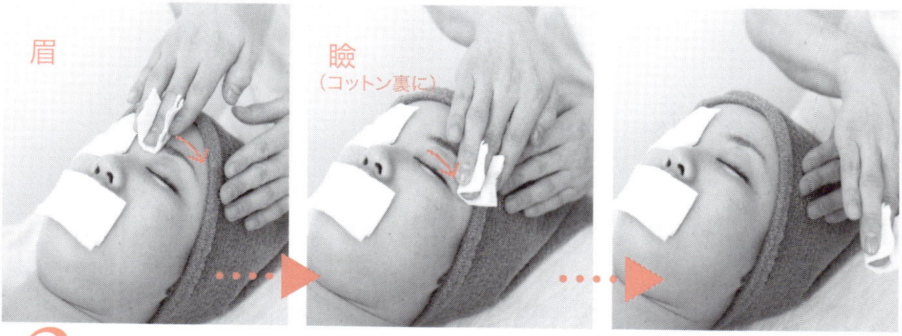

2 そのままコットンの汚れている面で眉を拭き取り、瞼はコットンを裏返して、汚れていない面でやさしく拭き取る。

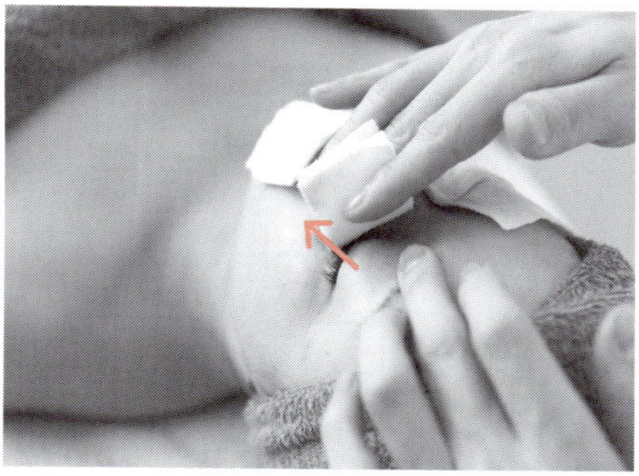

3 まつ毛を上から下へ優しく拭き取る。

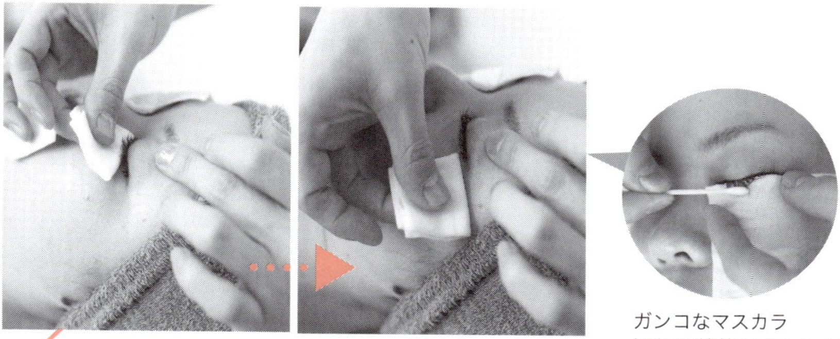

4 コットンを折りたたみ、目のキワをスライドさせ、優しく拭き取る。

ガンコなマスカラ汚れは綿棒にクレンジング剤を塗布してやさしくオフ。

◆リップメイクを落とす

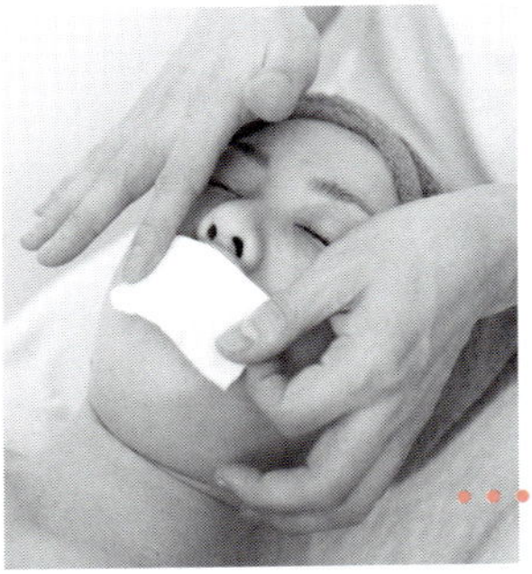

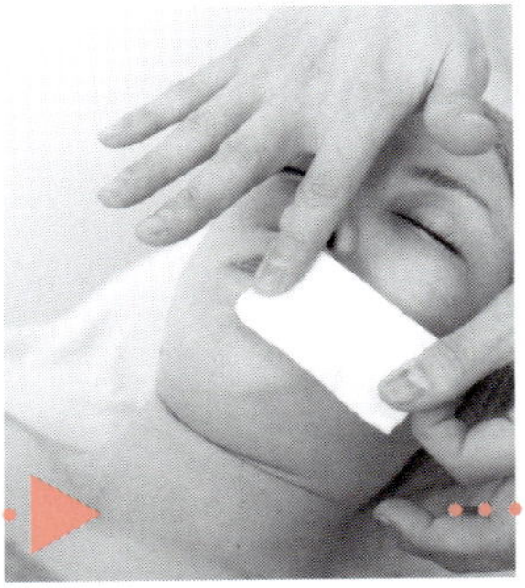

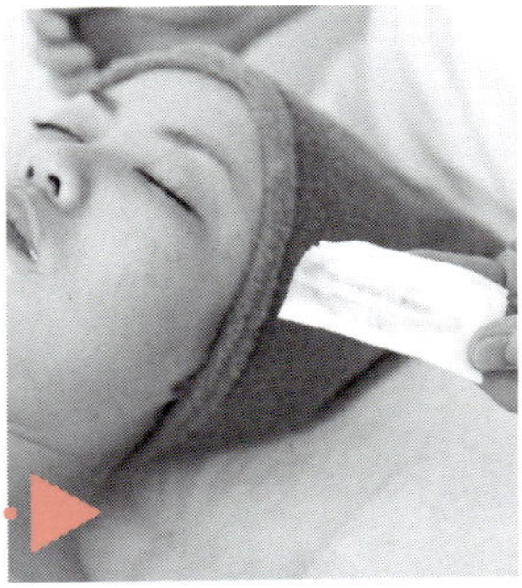

1 左手でコットンの端を持ち、右手中指で、コットンを抑えながら、スライドさせる。

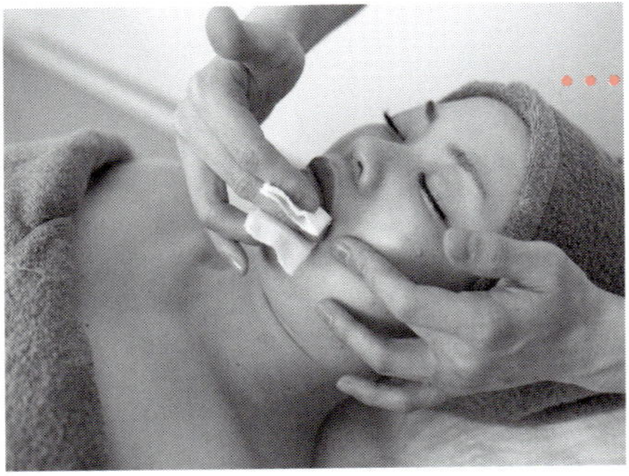

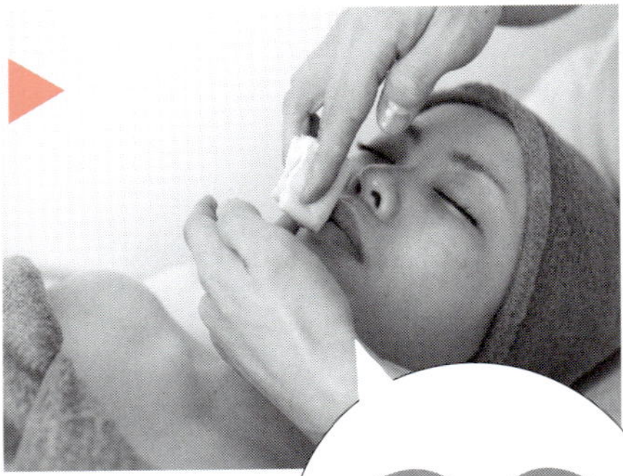

2 コットンを四つ折にし、中指で拭き取る。左手中指で、口角の辺りを支える。唇を半分にわけ、左側、上部から内側に向かって３回拭き取る。そのまま下部も３回拭き取り、反対側もおこなう。
※反対のときも右手中指で口角を支える。左下部、上部の順でおこなう。

唇を拭き取る順番

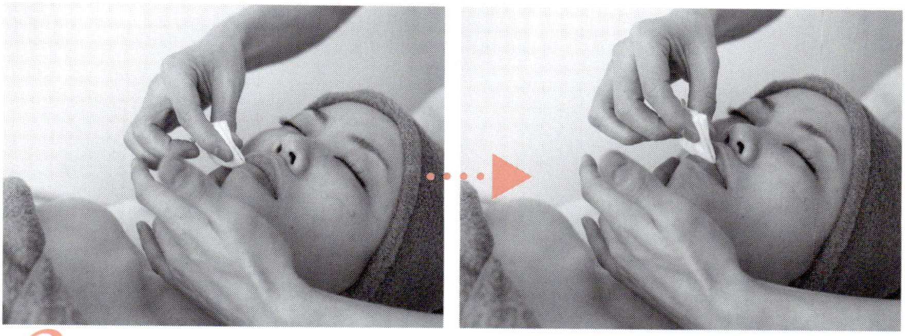

3 コットンを折りたたみ、唇真ん中の汚れを落とすようにして中心部の汚れをオフ。

クレンジングテクニック

クレンジングの目的は主に油分の汚れであるメイクアップを落とすことです。基本的に、クレンジング剤は肌にとっていいものではありませんので、素早くおこなうことが重要です。また、過度の摩擦を与えないように、メイクアップ料とクレンジング剤をやさしく馴染ませるようにおこないましょう。（回数は目安です）

◆塗布

1 クレンジング剤を適量とる。

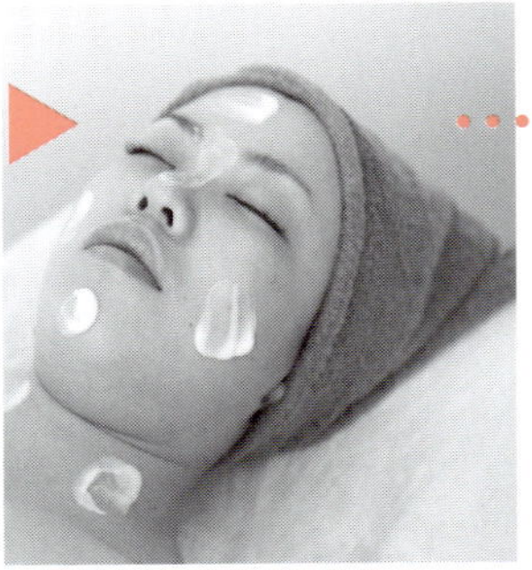

2 両手でなじませ、額から、頬、顎、鼻筋に置く。

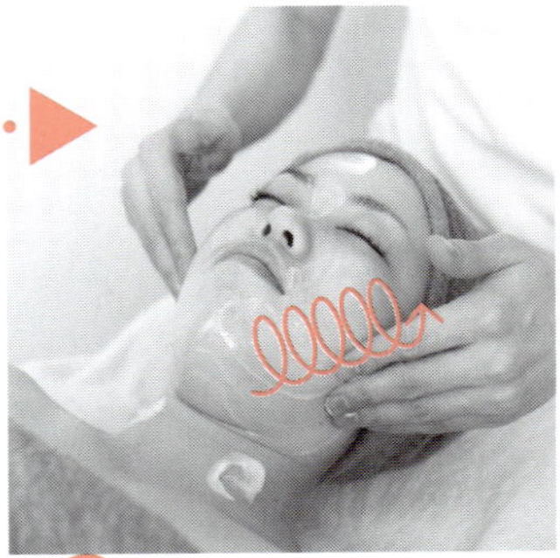

3 ４指を密着させ、回旋しながら、全体にクレンジング剤を馴染ませる。

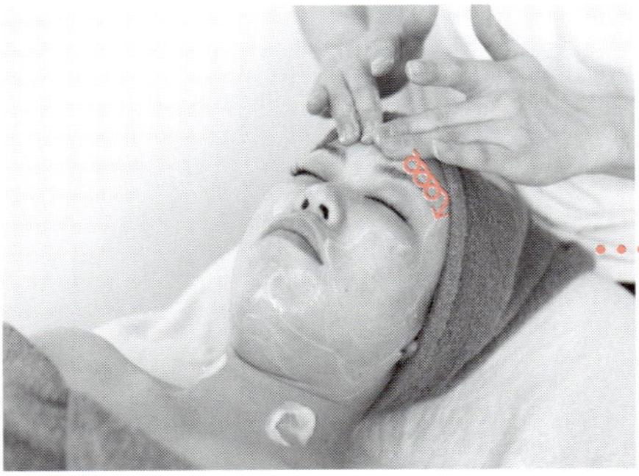

4 額中央部からクルクル回旋しながら左右に分かれる。

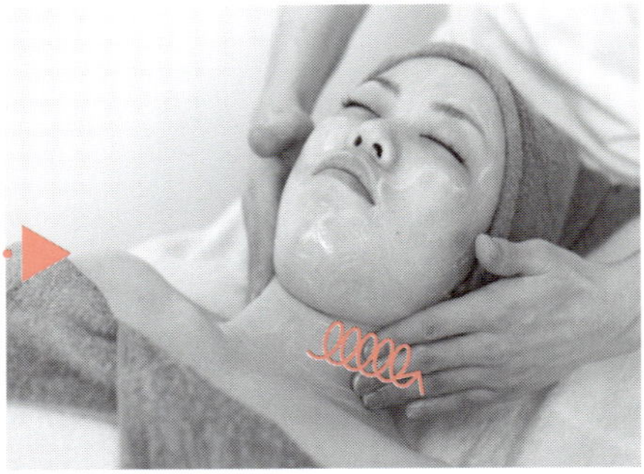

5 首全体を四指を使い、回旋。顔全体にまんべんなくクレンジング剤を塗布。

◆クレンジング

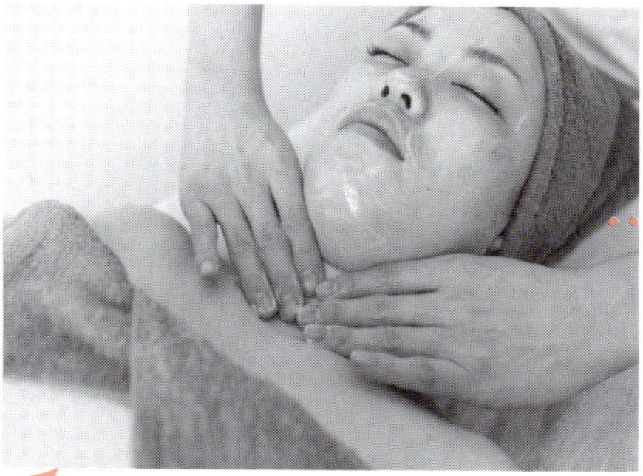

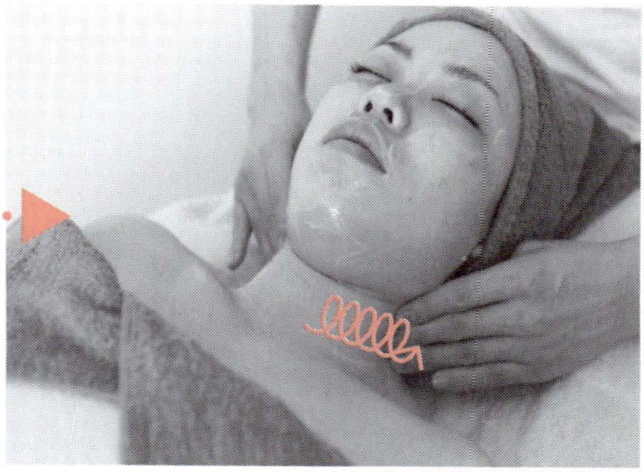

1 首全体を４指の指先を使い、全体回旋。

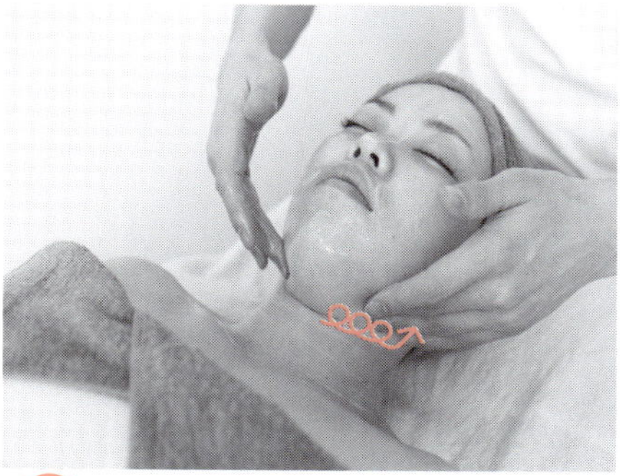

2 顎の裏を４指の指先を使い、顎先から、耳下腺に向かい回旋。

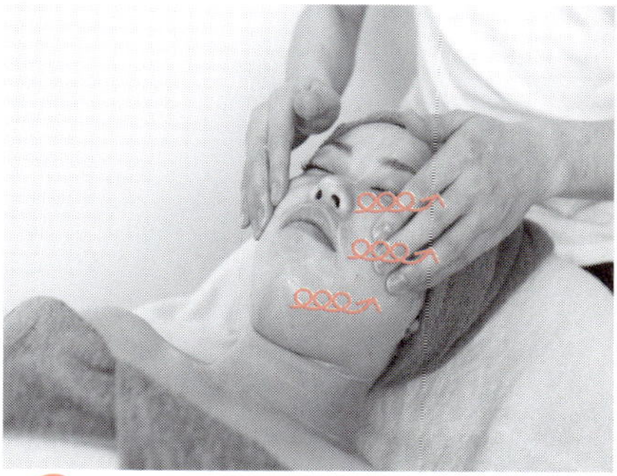

3 顎先からフェイスライン、口角から耳元まで、小鼻からこめかみの３ラインを指先を使い回旋、こめかみをプッシュ。

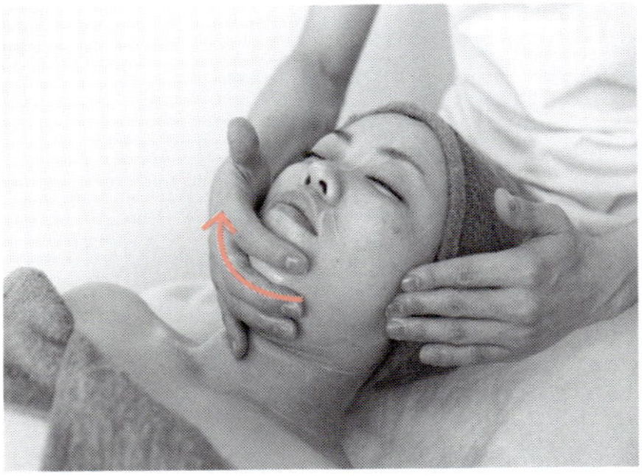

5 顎からフェイスライン全体を左右の手掌全部を使い、耳下腺までおこなう。左右交互６回。

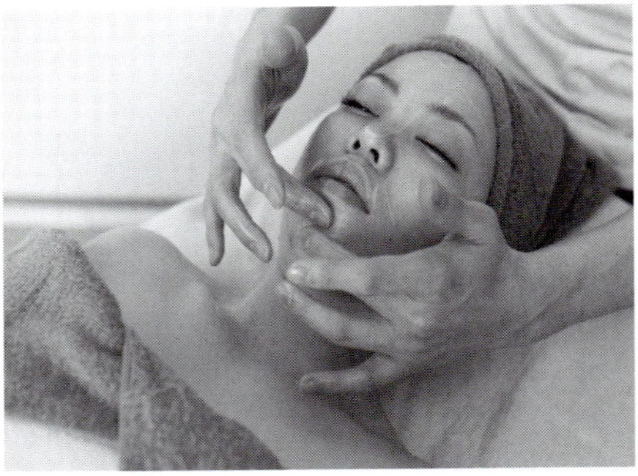

6 左右中指を使い、顎先を交互にジグザグ指を動かす。

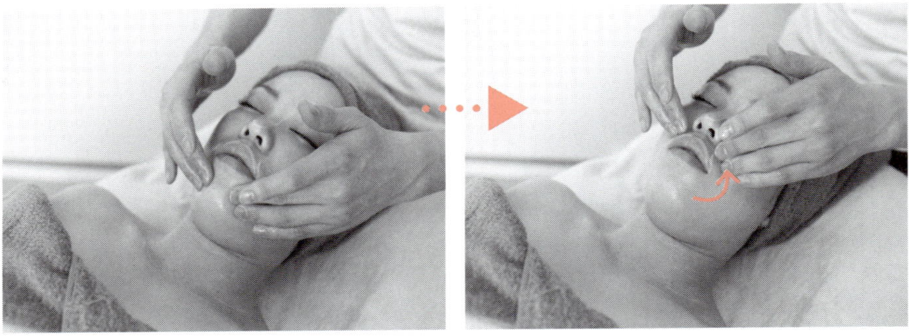

7 顎先から、左右、中指、薬指を使い、口角を引き上げるようにおこなう（３回）。

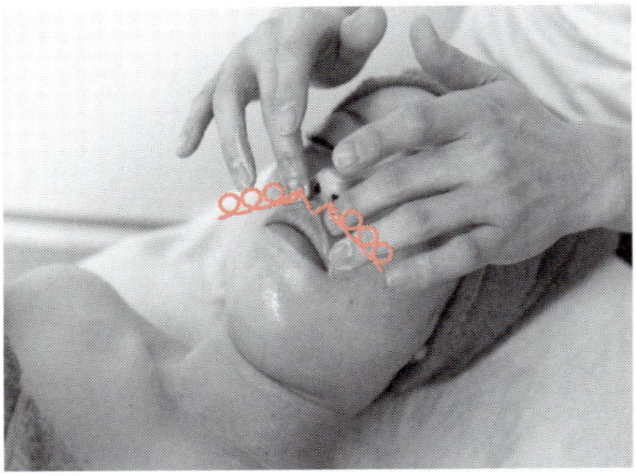

8 人中を中指一本で外回りに回旋。
※写真７、８を３回繰り返す。

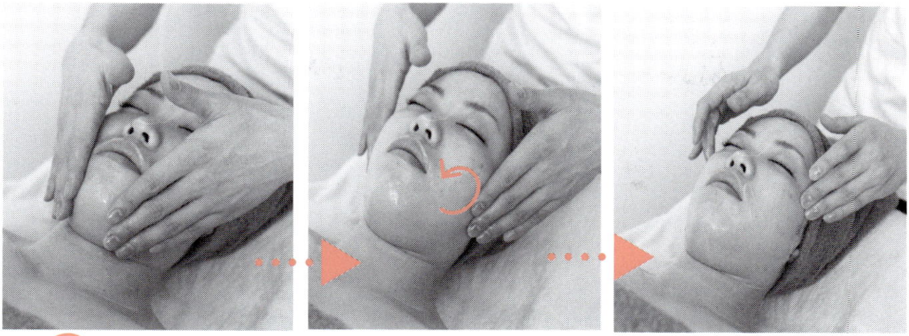

9 頬全体を外周りで軽察３回、３回目でこめかみをプッシュ。

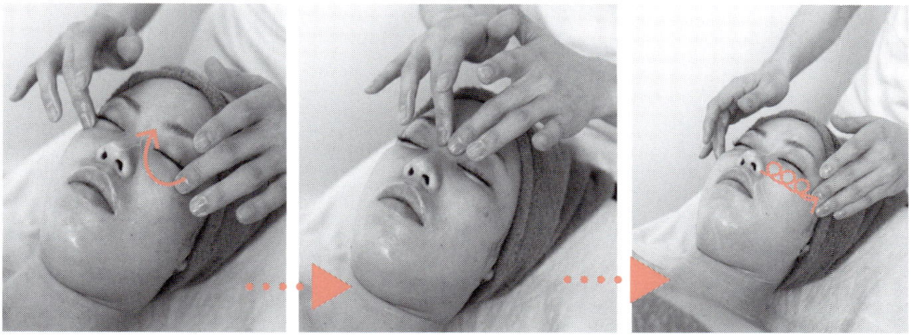

10 目の下を中指一本で滑らせ、目頭をプッシュし、中指一本で目の下を優しく外周りで、回旋。
そのままこめかみプッシュ

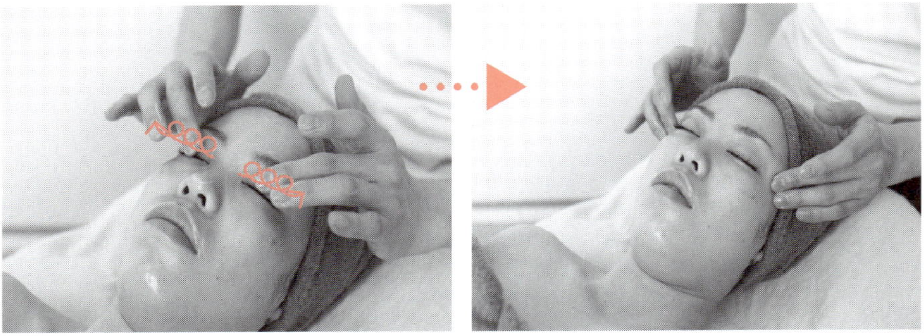

11 瞼を内回りで回旋、こめかみプッシュ。

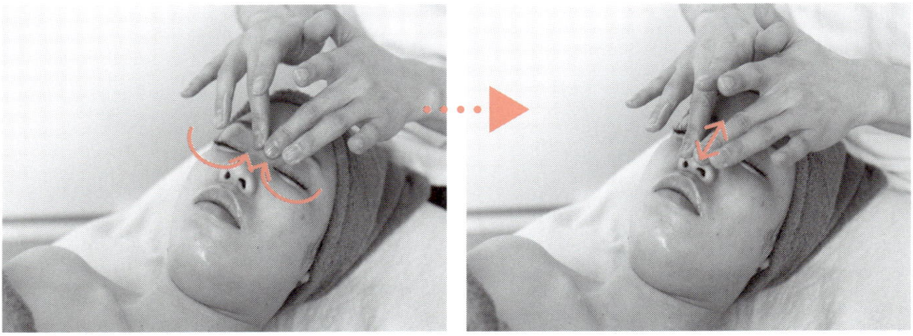

12 中指一本で目の下を通り、目頭をプッシュし、鼻筋を前後に軽擦（3回）。

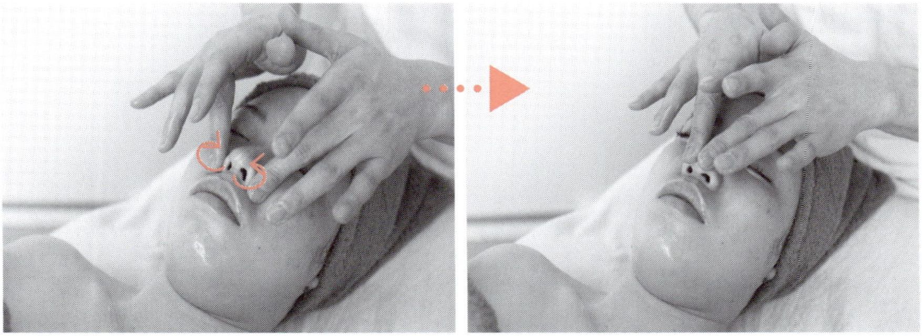

13 小鼻を内回りで、円を描くように回旋軽擦（3回）。

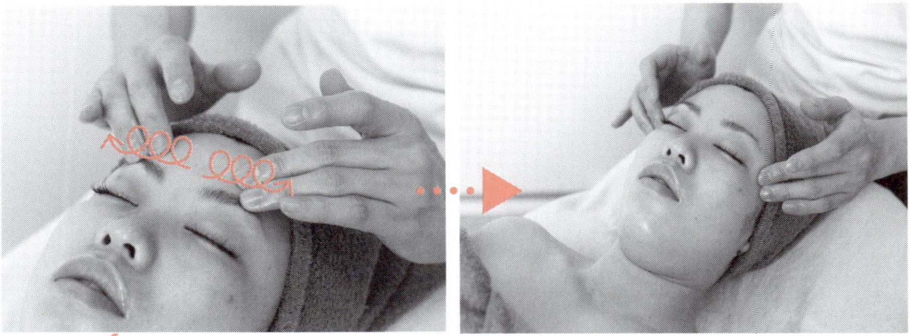

14 鼻筋を通って額まで戻り、額全体を 2 指または 3 指で内回りで回旋、こめかみプッシュ。

コットンテクニック

コットンによる拭き取りは、やさしく、丁寧におこないましょう。
コットンによる過度の摩擦は線維によって肌にダメージを与えてしまいます。
クレンジング、パックの拭き取りの際に、ずっと同じ面を使用すると綺麗に拭き取れないので、こまめにコットンの面を変えておこないましょう。

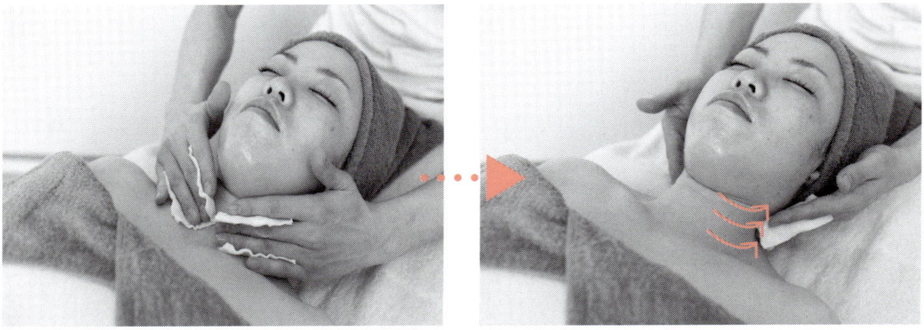

1 首３ラインを目安に内側から外側に向かって拭き取る。

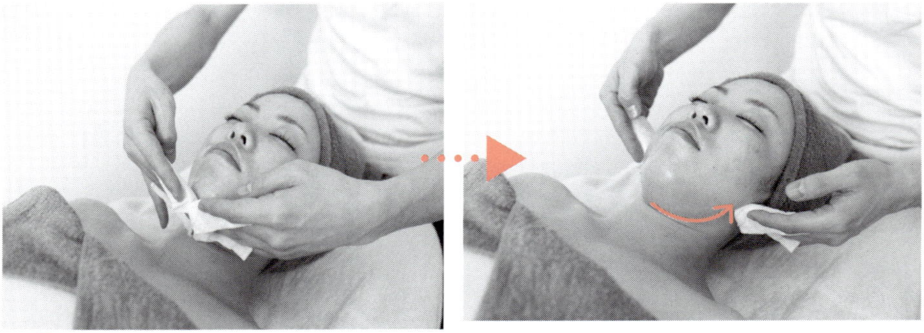

2 顎の裏を顎先から耳下腺に向かって拭き取る。

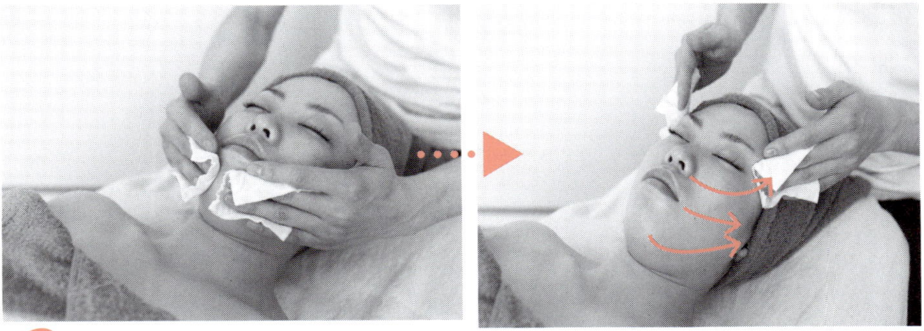

3 フェイスライン、口角から、耳元、小鼻からこめかみの 3 ラインを拭き取る。

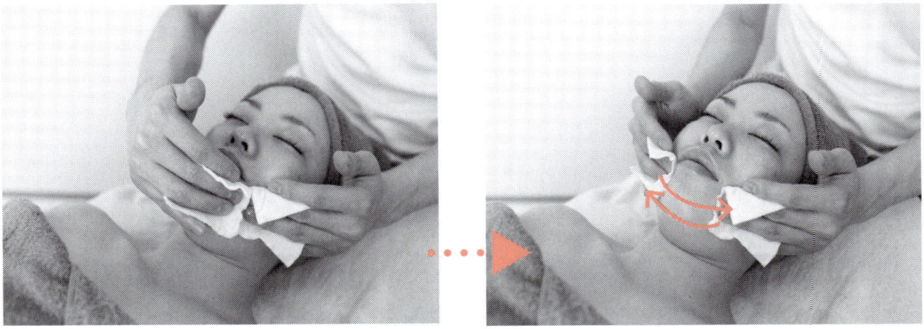

4 唇の下から顎下にかけて、全体の汚れを拭き取る。左右交互におこなう。

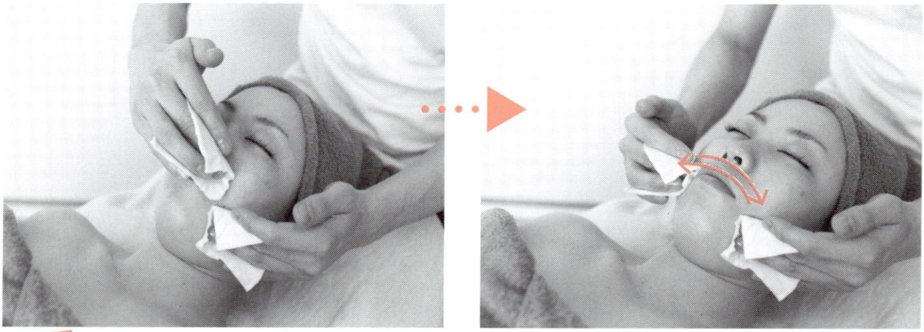

5 人中を左右交互に拭き取る。

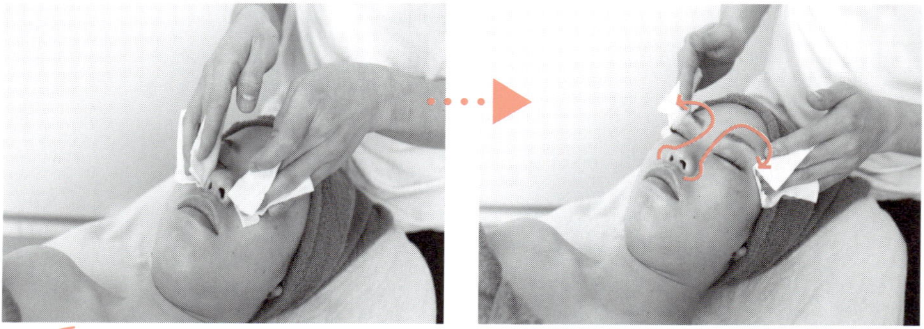

6 小鼻から鼻筋を通って額に上がり、左右にわかれ、こめかみまで拭き取る（3回）。

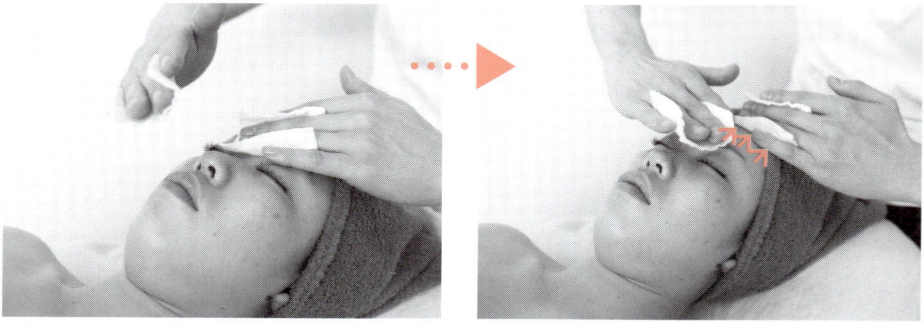

7 鼻筋を左右交互に拭き取る。そのまま額に移動し、全体を左右交互にリズムよく拭き取る。

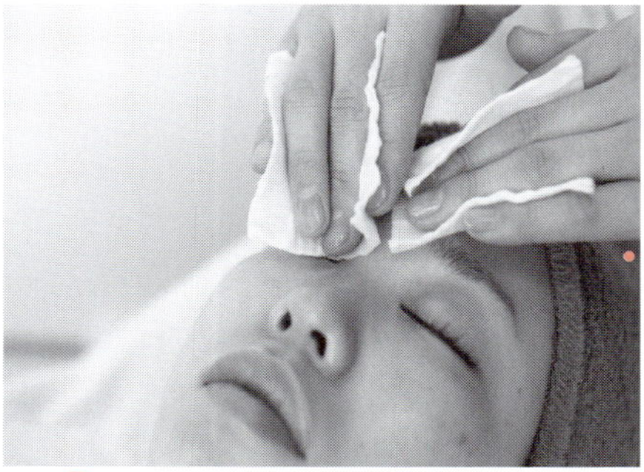

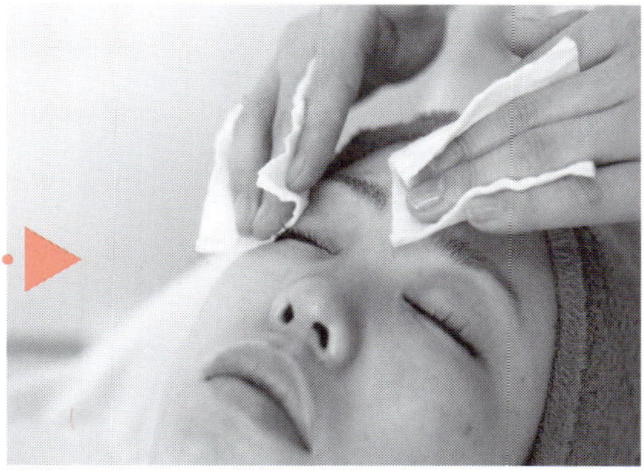

8 片手で眉頭から外側に向かって３回拭き取る。反対側もおこなう。

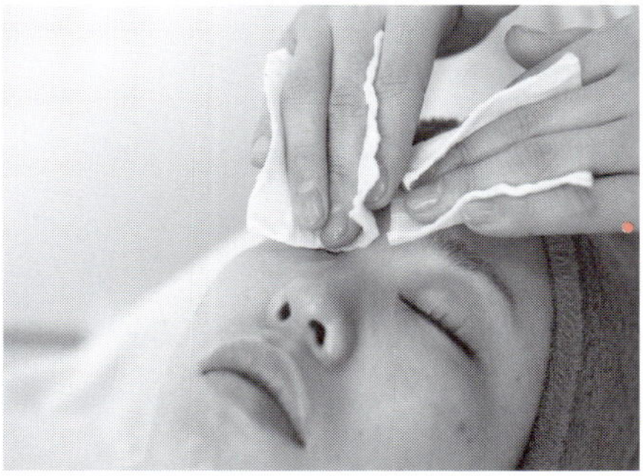

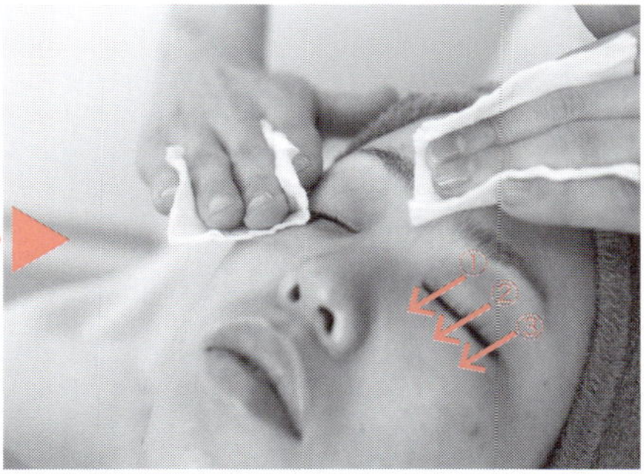

9 瞼からまつ毛にかけて、３箇所に分け、上から下に優しく拭き取る。３回繰り返す。

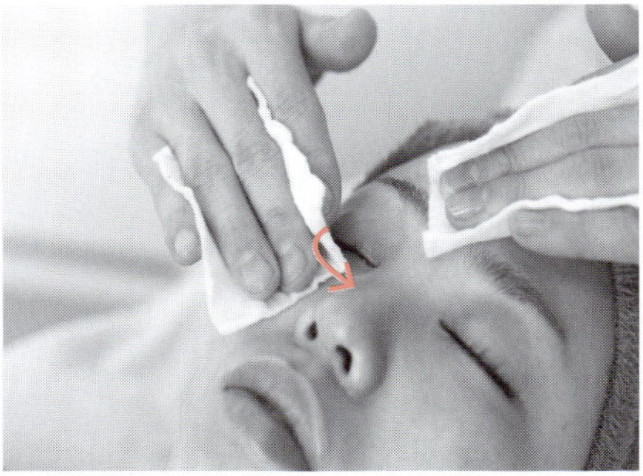

10 目の下を拭き取る。

スチームタオルテクニック

スチームタオルはすぐに冷えてしまうので、素早く拭き取り、タオルの暖かさが残っているうちに終了させましょう。拭き取るときには、皮膚を強く擦り過ぎないように行おこないましょう。

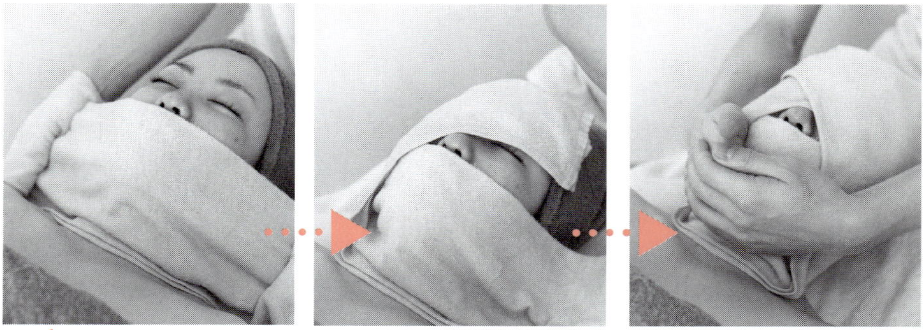

1 スチームタオルを左右の端を持ち、口と目が隠れるように置き、顎を包むように手を乗せ、軽く圧迫。

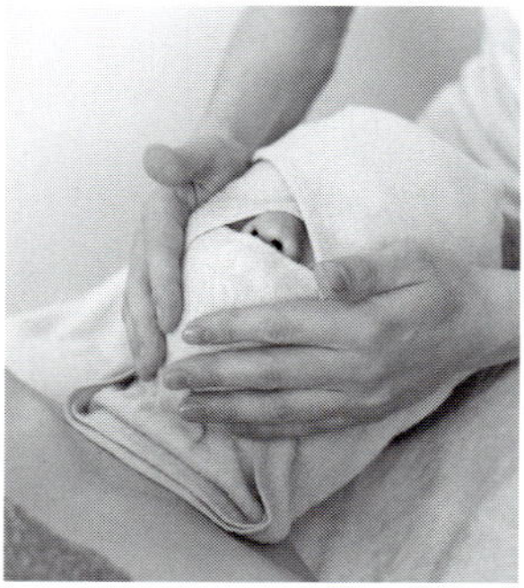

2 頬に手を触れ、軽く圧迫。

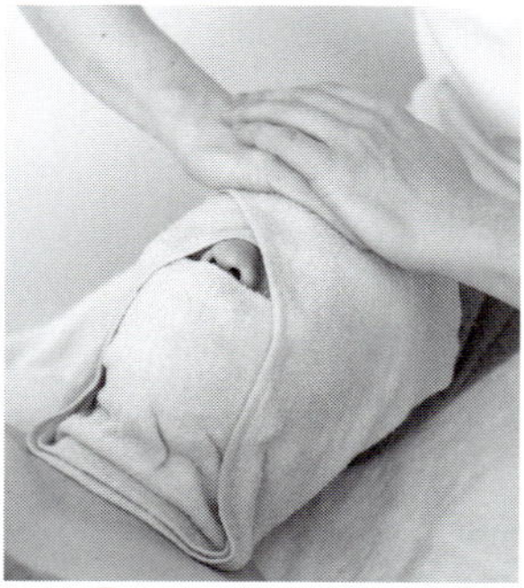

3 額に手を乗せ、軽く圧迫。

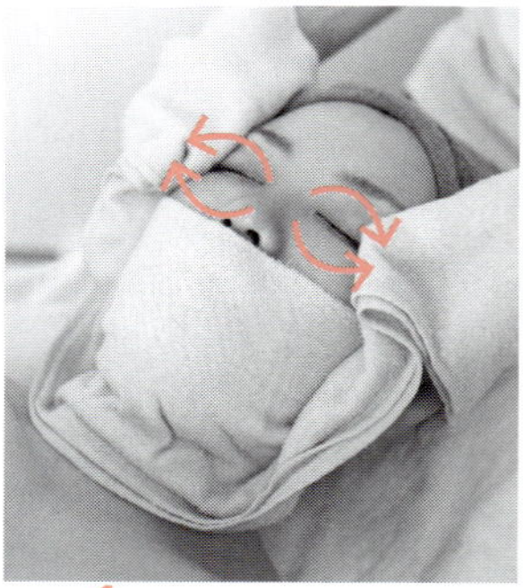

4 瞼を内側から外側に向かうように拭き取り、目の下も同様におこなう。

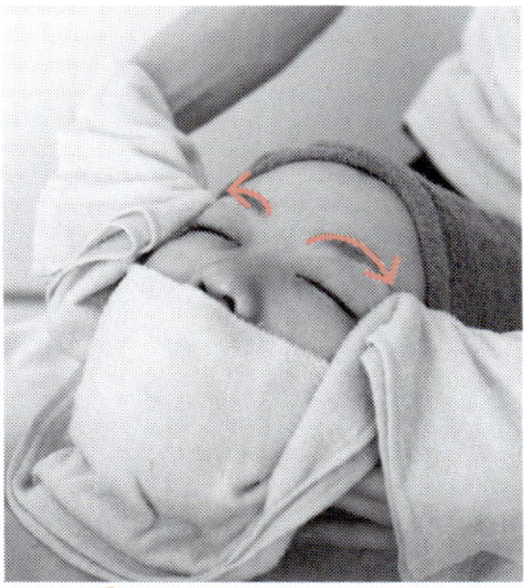

5 眉毛を内側から外側に向かって拭き取る。

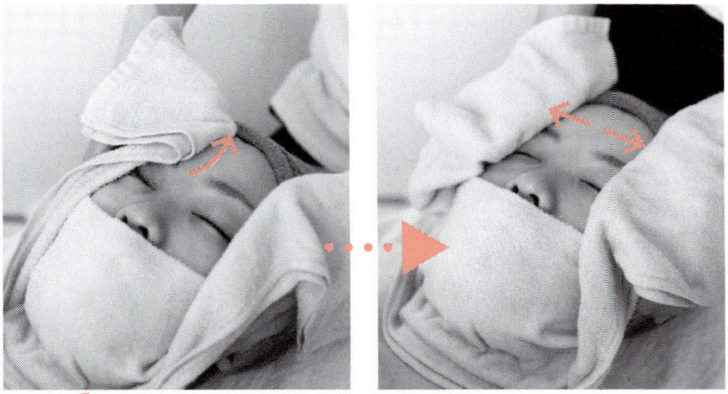

6 額を中央から左右に分かれながら拭き取り、左右の手で同時に中央から左右に分かれて拭き取る。

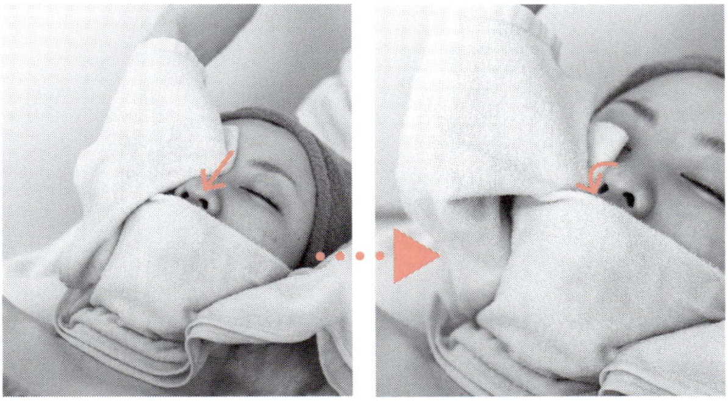

7 右手で、鼻筋、小鼻を拭き、左手で反対側も同様におこなう。

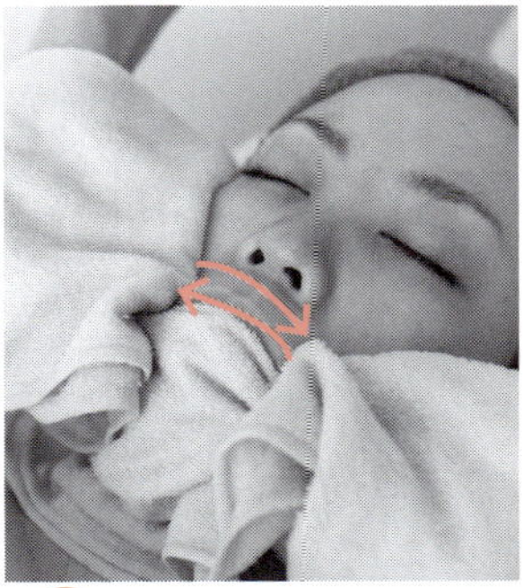

8 人中を、中心を残さないように左右交互に拭き取る。

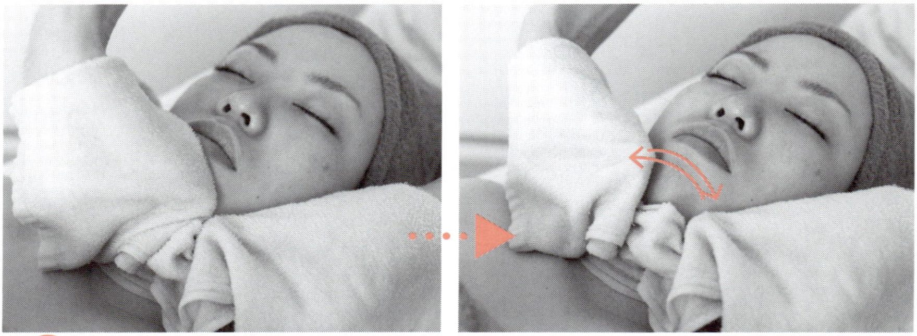

9 顎を左右交互に拭き取る

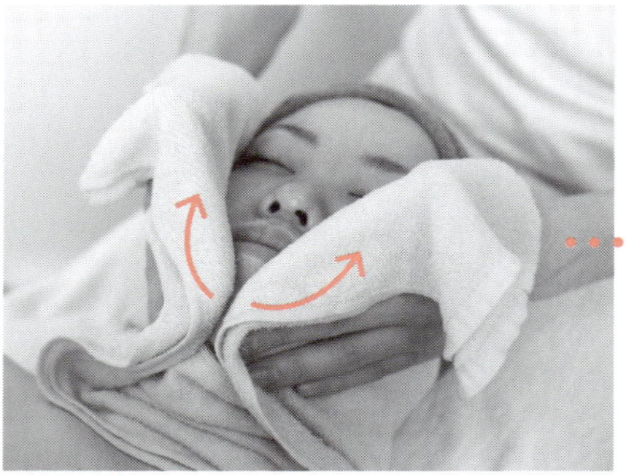

10 頬全体を拭き取る。

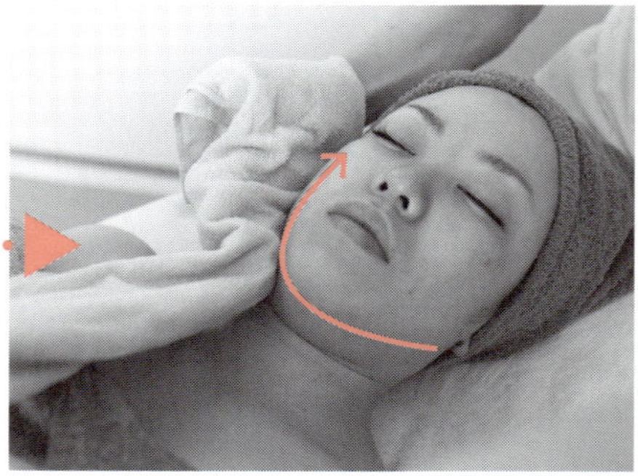

11 フェイスラインを拭き取り、耳たぶを拭き取る。反対側もおこなう。

point

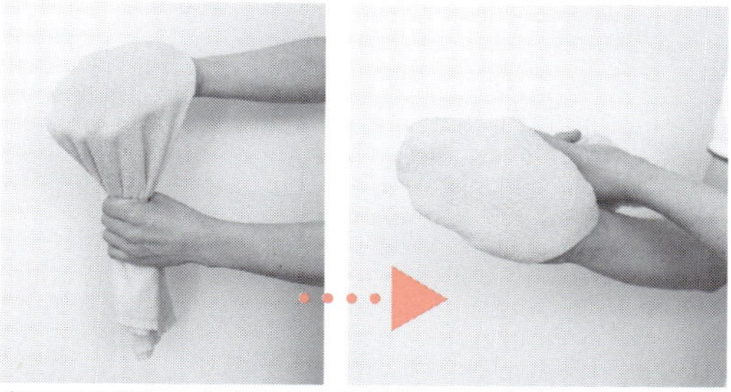

顔を拭き終わったタオルはねじ込むようにして手のひらに巻き付け、首〜デコルテを拭いていく。

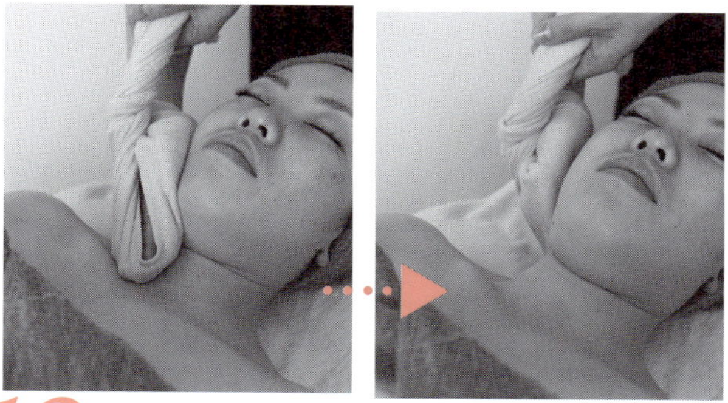

12 フェイスラインを拭き取り、耳たぶを拭き取る。

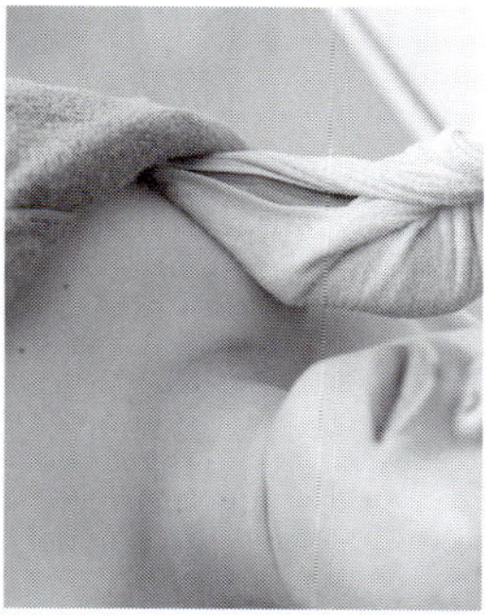

13 胸を内側から外側に向かって全体を３回回旋しながら拭き取る。

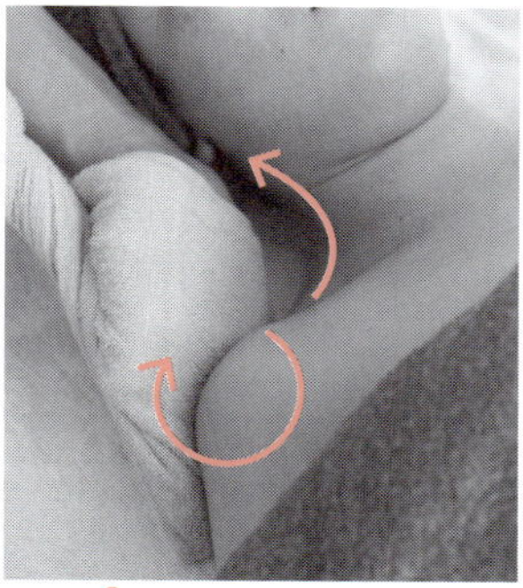

14 肩を包みながら首の後ろに抜ける。

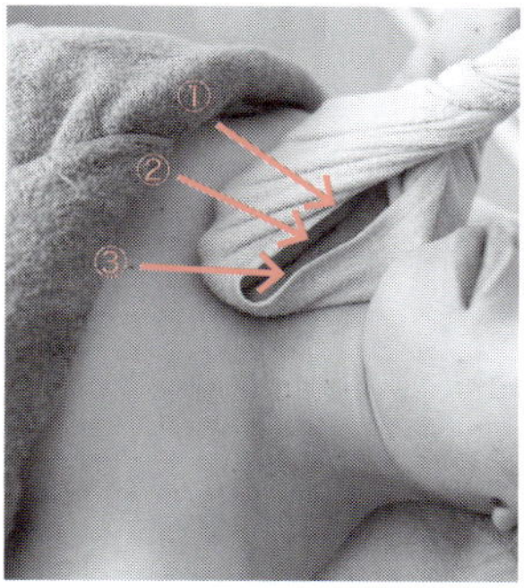

15 デコルテを外側から３ライン顔面方向に向かって拭き取り、16 に続く。

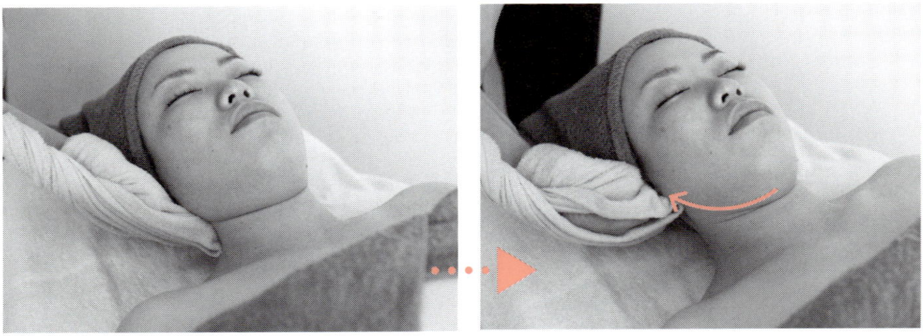

16

顎裏まできたら、フェイスラインを通って耳の後ろで抜ける。
※ 12 ～ 16 が終わったら反対側もおこなう。

Chapter 3

フェイシャル トリートメント ベーシック テクニック

この章でご紹介するテクニックは、フェイシャルトリートメントにおいて「絶対に身につけなければならない基本手技」です。
「軽擦法」「強擦法」「揉捏法」「圧迫法」「打法」「振動法」の7つのテクニックを確実に身につけましょう。

軽擦法

手指で皮膚を軽く摩ったり、撫でたりする、最も多く使われるテクニックです。ゆったりとした一定のリズムで肌に手指を密着させておこないます。マッサージに入る前、強いマッサージの前後、マッサージの終わりに用いることが多いテクニックです。(圧は皮膚にシワがよりすぎないくらいでおこないましょう)

効果：■血流、リンパの流れの促進　■緊張をほぐし、リラクゼーションを与える　■皮膚表面温度を上げる

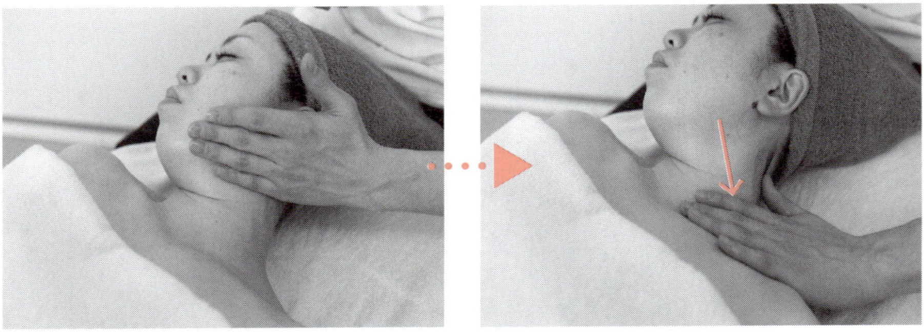

1 口頸筋、胸鎖乳突筋の軽擦①

顔を左右どちらかに傾け、耳下腺から鎖骨に向かい、上から下に下ろすようにおこなう。

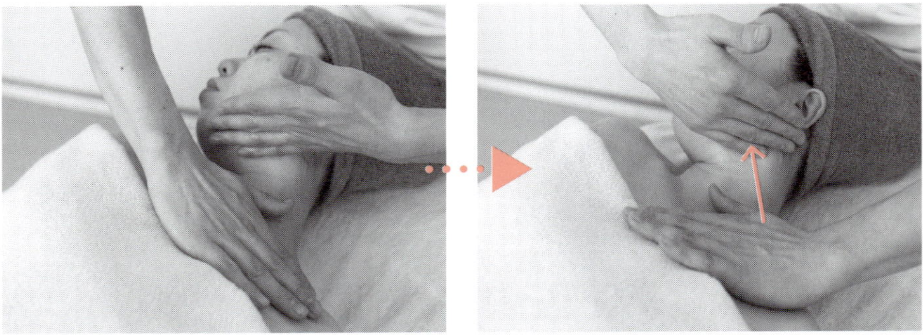

2 口頸筋、胸鎖乳突筋の軽擦②

顔を左右どちらかに傾け、耳下腺から鎖骨に向かい、下から上に引き上げるようにおこなう。左右の手を交互におこなう。

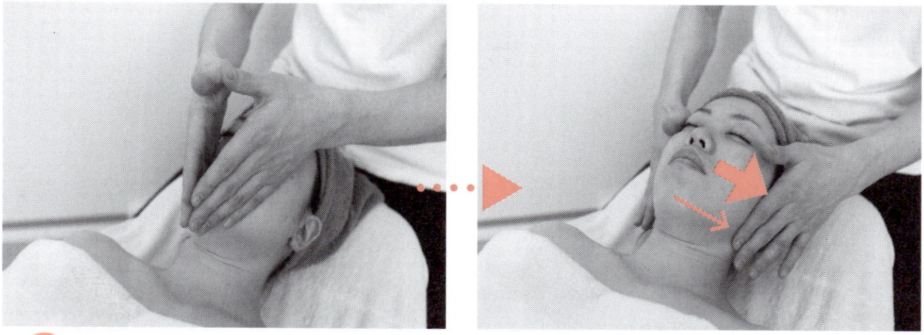

3 頬の軽擦

口角の横、頬に手の平全体を置き、そのまま人差し指がフェイスラインを通り、耳下腺までおこなう。

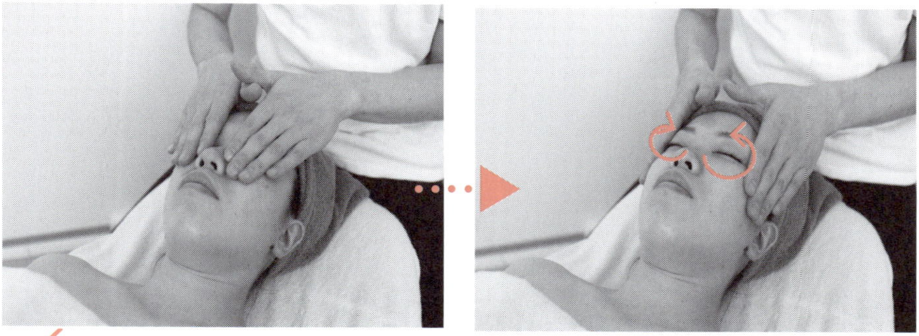

4 目の軽擦

瞼の上を手の平（主に４指）を使い、優しく、外回りに、回旋する。

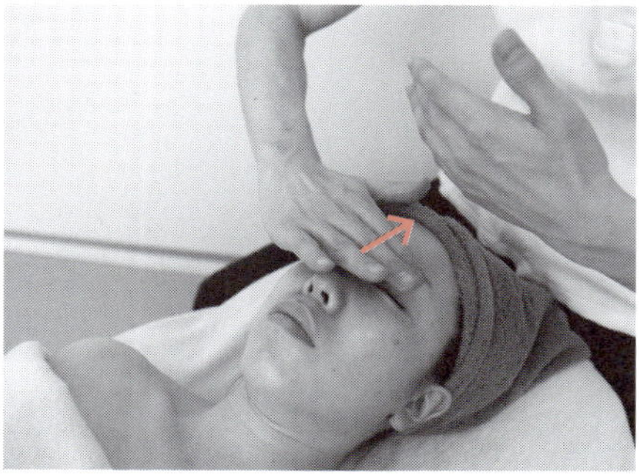

5 額の軽擦

額額全体を手の平で覆うように置き、額生え際に向かって引き上げるように、左右交互の手でおこなう。

強擦法

手指で皮膚表面を強く擦ったり、さすったりする手技です。軽擦法に対して、局所的部位に強く圧をかけることが多いです。硬くなった組織を和らげ、皮膚表面より深い皮下組織に働きかけることができます。

効果：■血流、リンパの流れの促進　■緊張をほぐし、老廃物の排泄促進　■筋肉の疲労回復　■むくみの改善

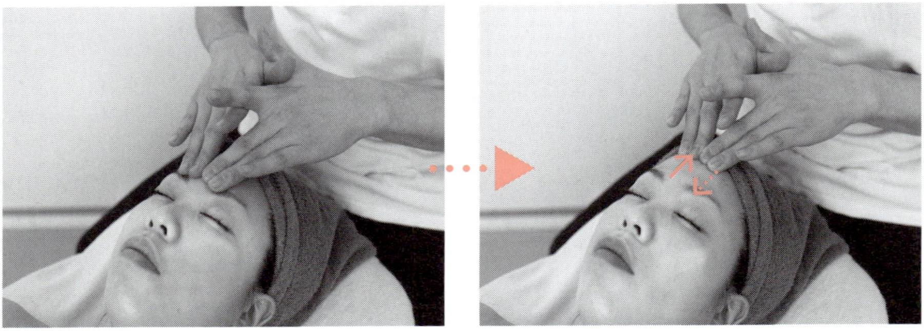

1 額の強摩

両手中指、薬指の２指で同時に額全体をリズムよく引き上げる。引き上げるときは強め、戻るときは触れる程度でおこなう。

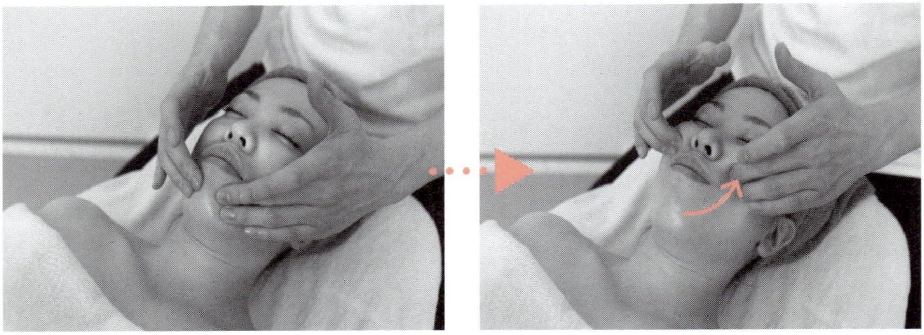

2 頬の強擦

左右の中指、薬指の２指で、顎先から頬骨部まで引き上げる。

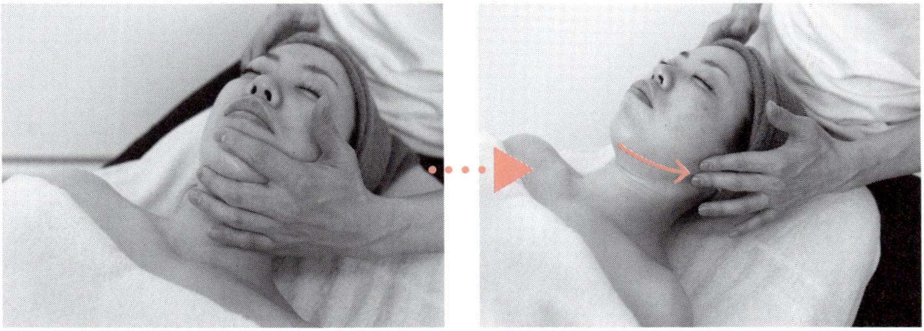

3 フェイスラインの強擦

人差し指、中指でフェイスラインを挟むように密着させ、耳下腺まで引き上げるようにおこなう。

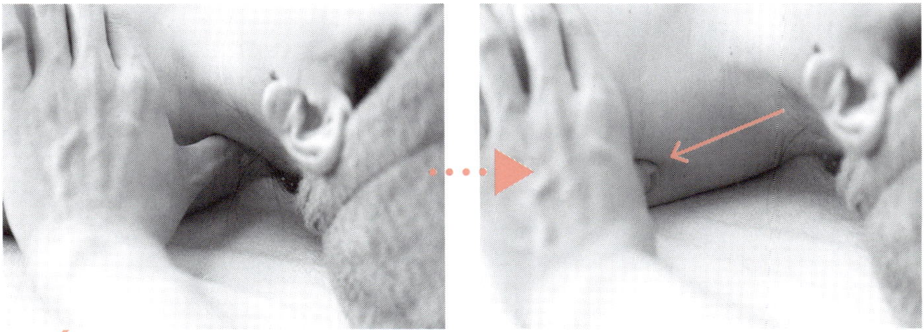

4 僧房筋の強擦

僧房筋を親指で中心から矢印の方向に向かって刺激する。

Facial Treatment Basic

揉捏法

皮膚表面ではなく、筋肉にまで作用するように揉みこむことで、皮膚組織の深部までトリートメントの効果が期待できる。

効果：■皮膚深部まで作用することで、筋疲労に効果的　■血行促進とリンパの循環を促すことで、新陳代謝を高める　■むくみの改善

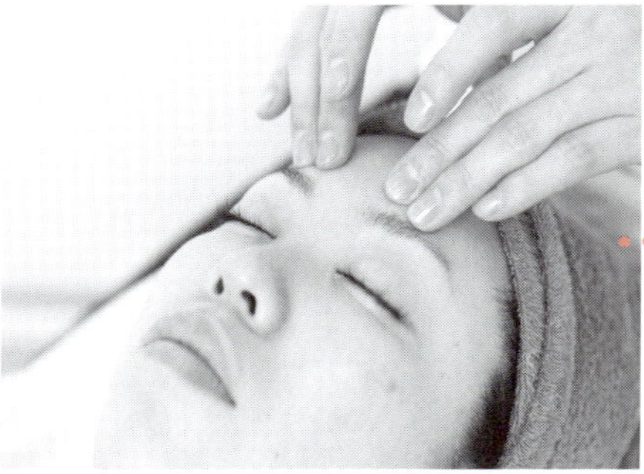

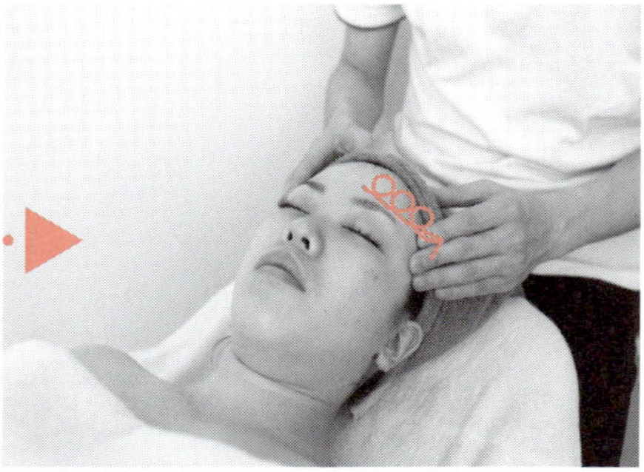

1 額の揉捏

中指、薬指の２指を使い、内回りに回旋をおこなう。
回旋しながら、こめかみに向かう。

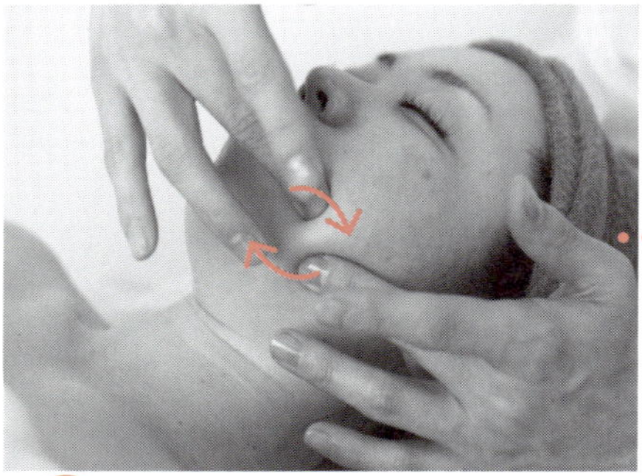

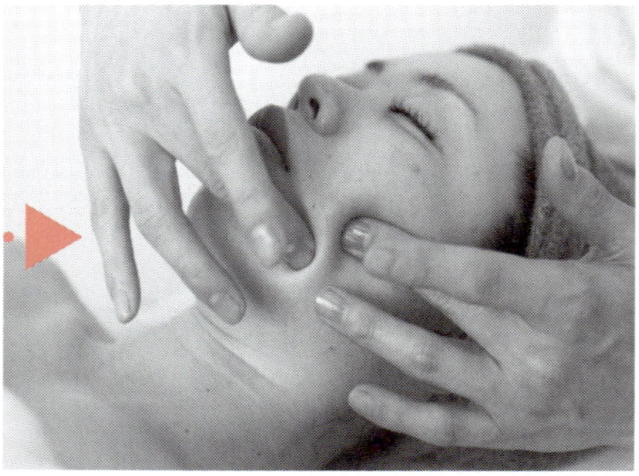

2 頬の揉捏

頬全体を両手の中指１指で交互に交差させながらおこなう。
顔半分が終わったら、もう片方をおこなう。

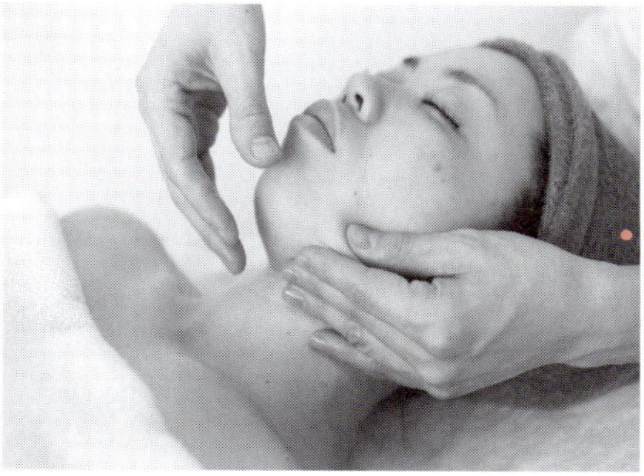

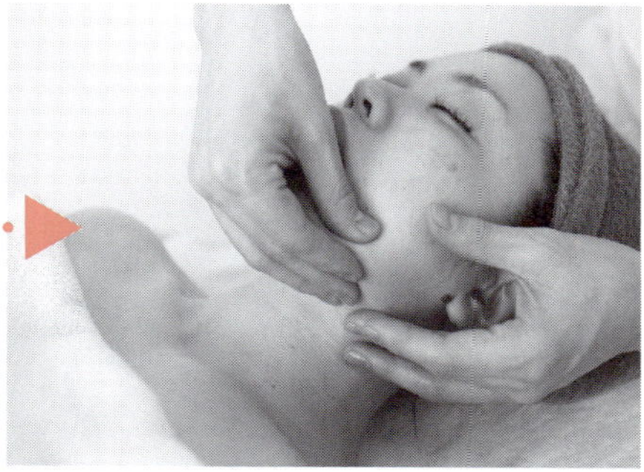

3 フェイスラインの揉捏

フェイスラインの脂肪を親指、人差し指でつまむ。
最初は浅めにつまみ、徐々に深くおこなっていく。

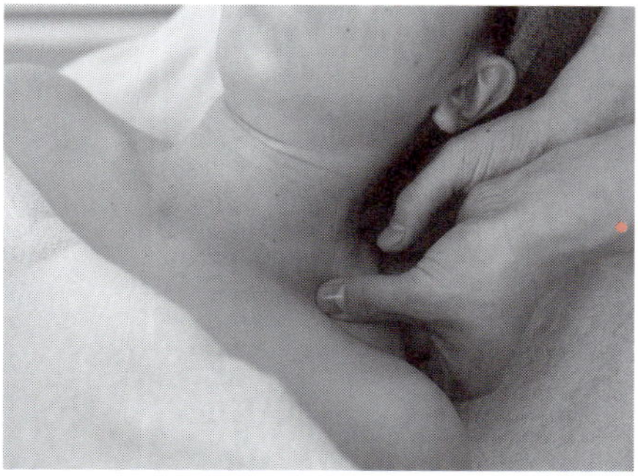

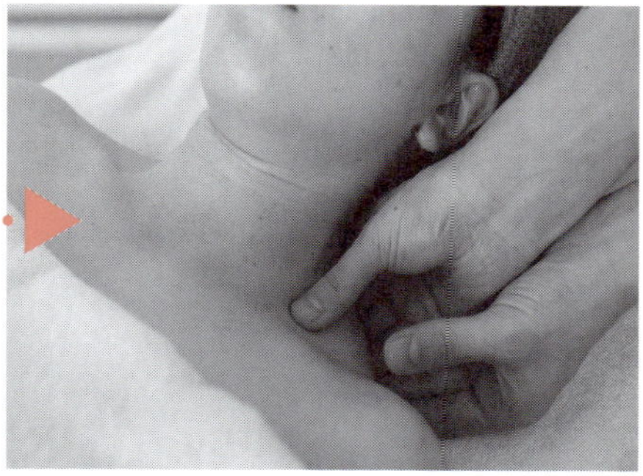

4 僧房筋の揉捏

手の平を上に向け、4指で僧房筋の奥をつかむようにし、親指で筋肉をつまむように左右交互の手でリズミカルにおこなう。

圧迫法

手指を使い、皮膚を圧迫するテクニック。力の入れ具合、リズム、タイミングなどによって、バリエーションを増やすことができる。軽く圧迫することにより、血液やリンパの流れを促進する。

効果：■静脈血やリンパの流れを促進する　■リラクゼーションを与える

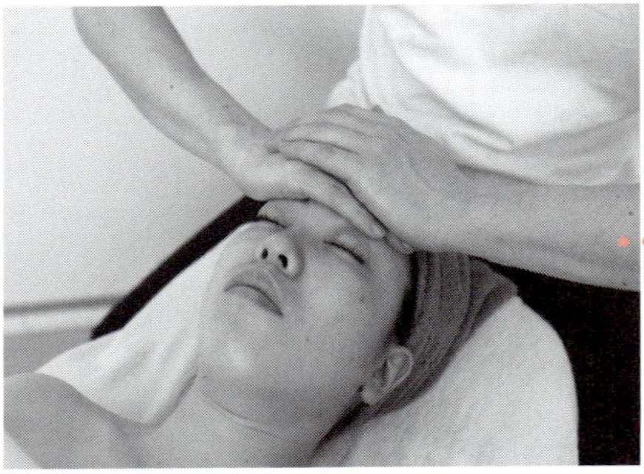

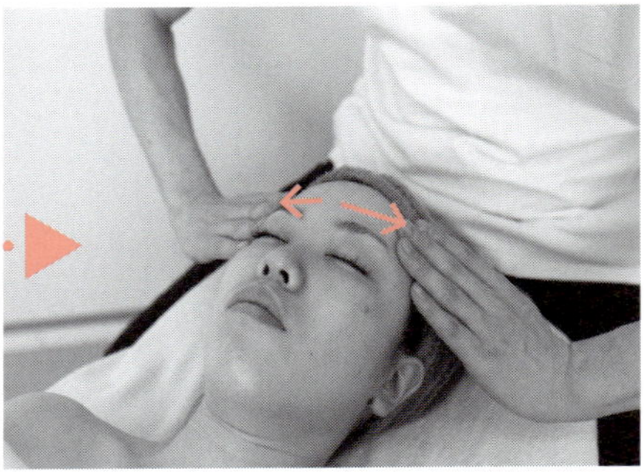

1 額の圧迫　両手を重ねるように額全体に手を当て、ゆっくり圧迫し、左右に分かれる。

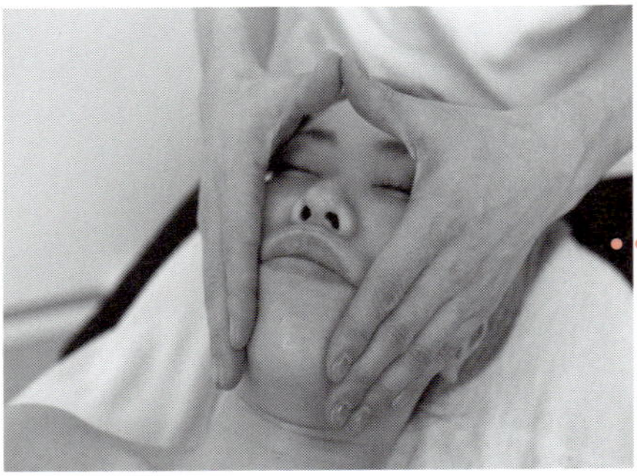

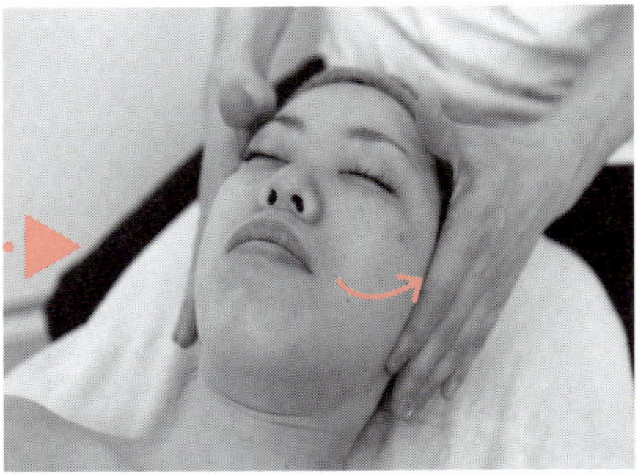

2 頬の圧迫　手の平全体で、頬を圧迫し、ゆっくりとサイドに抜ける。

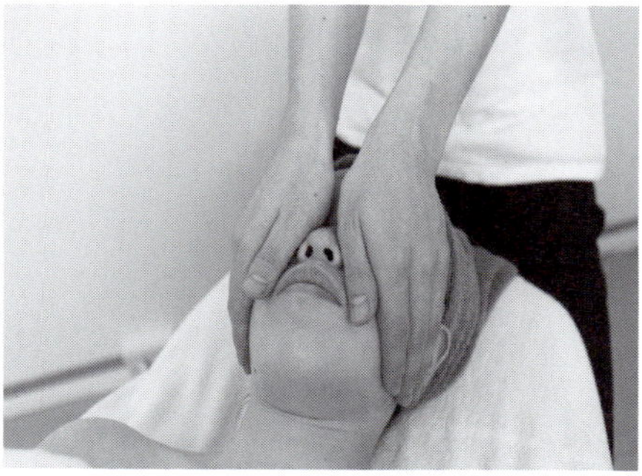

3 眼球の圧迫

拇指丘を眼球全体にあて、ゆっくり優しく圧迫する。

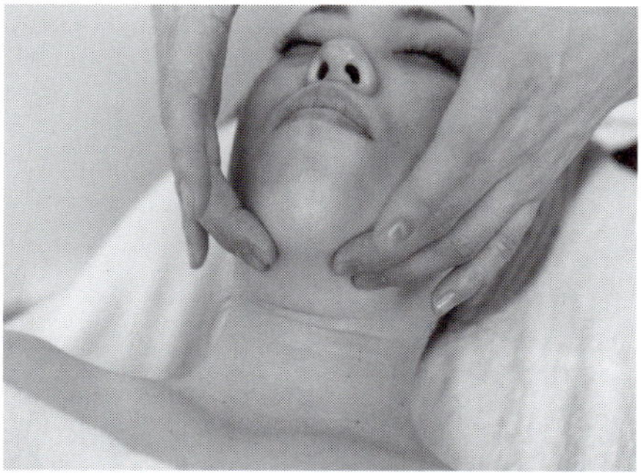

4 フェイスラインの圧迫

フェイスライン全体（顎の裏側）を、２指を使って圧迫して離す。これを数回繰り返す。

打法

手指で皮膚を軽く叩くテクニックです。力の入れ具合やリズムがポイントです。
リズム感の良し悪しがお客様の感覚を左右します。

効果：■血流の促進　■筋肉や神経機能の向上　■新陳代謝を高める

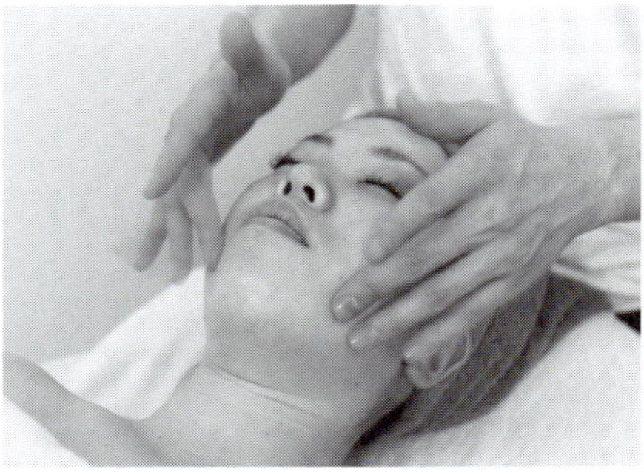

1 頬全体のピアノムーブメントタッチ

頬全体を４指の指先でリズミカルにピアノを弾くように叩く。

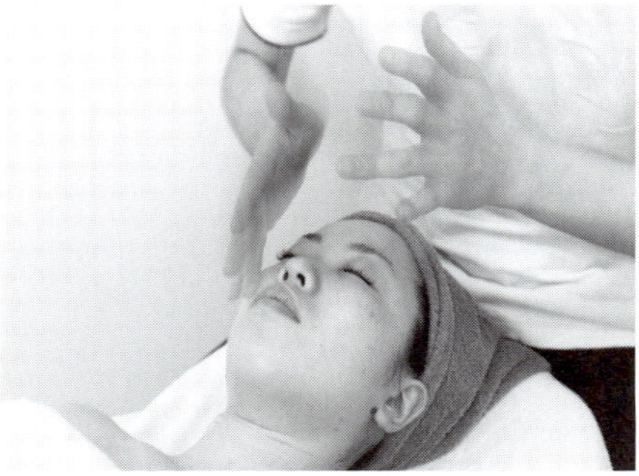

2 リズミカル打法

左右の薬指の側面を使い、顔全体をリズミカルに優しく叩く。

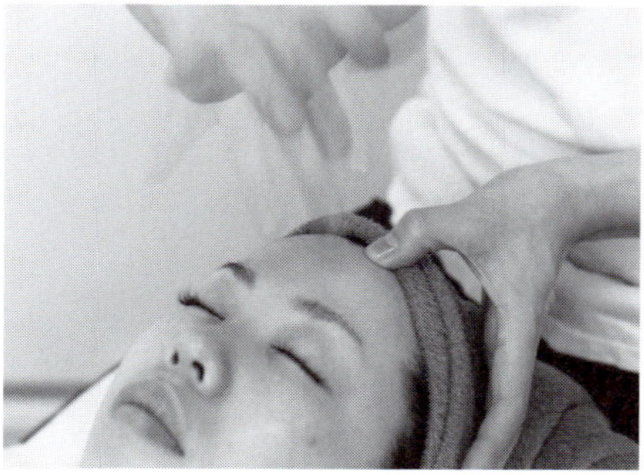

3 片手打法

左手親指で額の生え際を引くように支え、反対の中指１指で支えに向かいリズミカルに優しく叩く。※支えの場所を変えることで様々な表情筋が刺激できる。

Point!

■ リズムと力加減で気持ちよさが変わっていきます。なるべく一定のリズムを保ちながらおこなうとよいでしょう

■左右のリズムが一定にならない場合は、ゆっくりでもいいので同じリズムにすることを優先させるようにするのが、お客様の満足度アップにつながります

振動法

皮膚に、軽くバイブレーションを与えるように細かく振動を与えるテクニックです。振動のリズムがばらばらになってしまうと、不快になりますので、一定の振動を与えるようにおこないましょう。

効果：■抹消血管、表情筋などに作用　■血流の促進　■リラクゼーションを与える

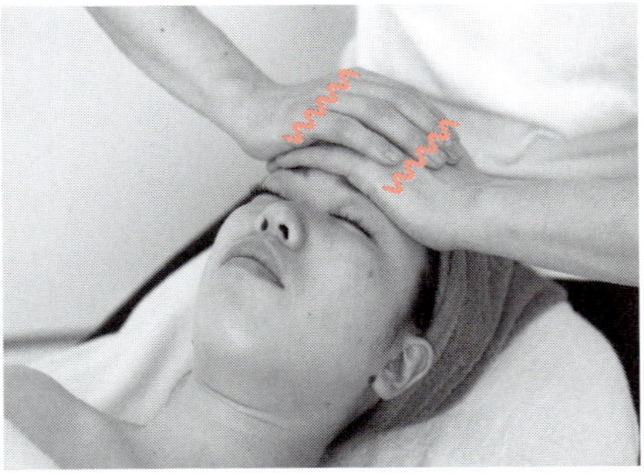

1 両手を重ねるように額全体に手をあて、細かい振動を与える。

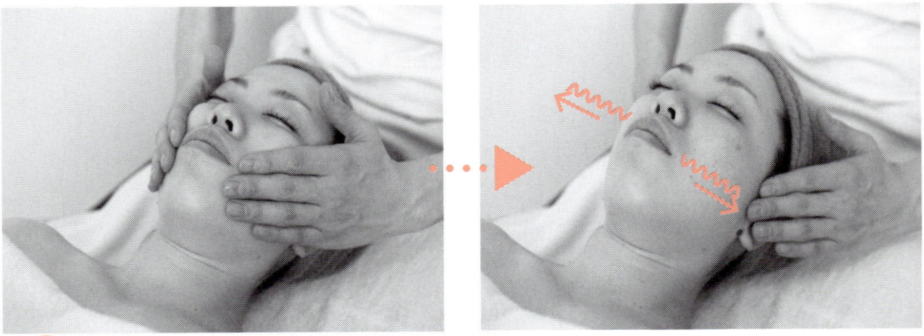

2 手の平全体で頬を密着し、振動を与える。振動を与えながら、サイドに抜ける。

Chapter 4

部位別テクニック

ここではフェイスライン、頬、目の周り、額、鼻のそれぞれのテクニックをご紹介します。
初級、中級、上級と、難易度別に紹介することで、密着度や、リズムなどが徐々に上達する構成になっております。順を追って学んでいただき、それぞれの部位別のテクニックを身につけてください。また、説明にある回数は目安です。お客様の状態によって自由にアレンジしてください。

Point Tecnique

フェイスラインテクニック

フェイスラインテクニックは主に顎のたるみやむくみを解消するためのテクニックです。繰り返しおこなうことで、下顎角（いわゆる、顎のエラの部分）に圧が入り、痛みをともなうことがあるので注意しましょう。
常に下顎角を意識し、圧がかかり過ぎないようにすることがポイントです。

初級編

主に指先や、手の平全体でおこなうフェイスラインの軽擦法です。
一定のリズムで密着感を意識しておこないましょう。

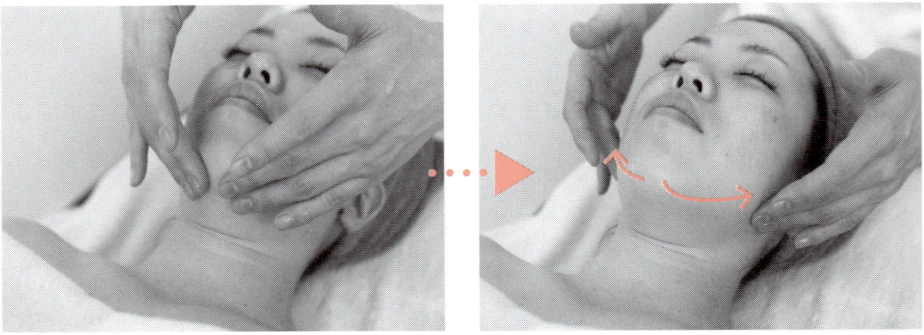

1 中指、薬指２指で顎裏をおこなう。顎先から耳下腺に向かって軽擦する。

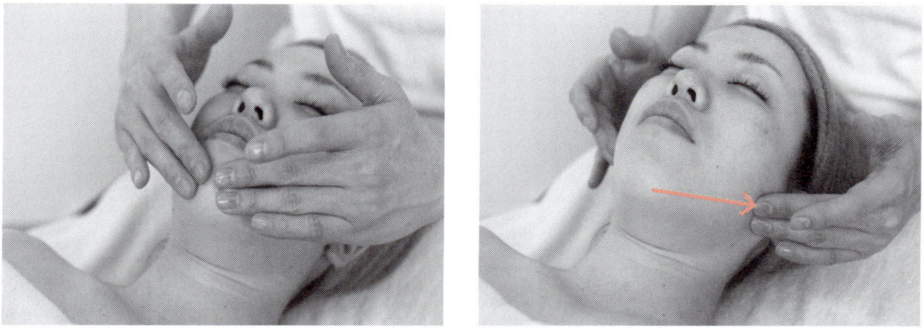

2 中指、薬指 2 指でフェイスライン全体を顎先から耳下腺に向かって軽擦する。

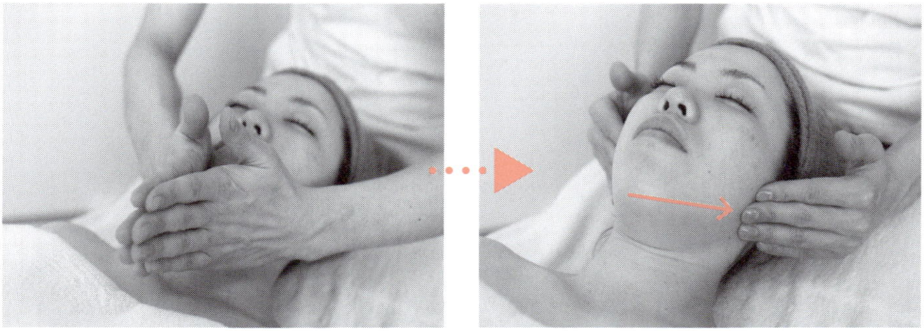

3 両手全体で顎を包むように密着させ、フェイスラインを顎先から耳下腺に向かって軽擦する。

フェイスラインテクニック

中級編

主に引き上げ、回旋、強弱を意識したテクニックです。
リズム、強弱を意識しておこないましょう。

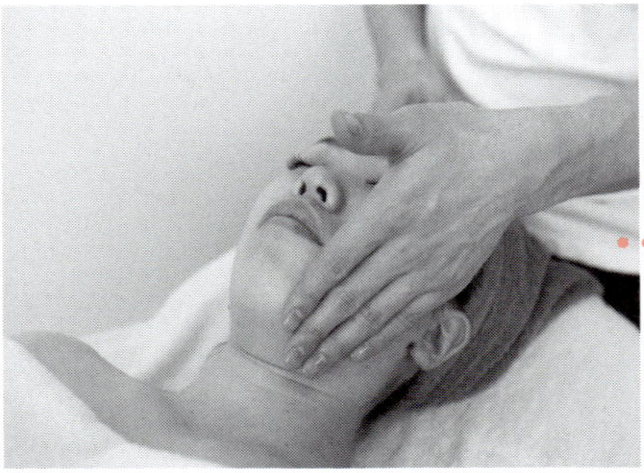

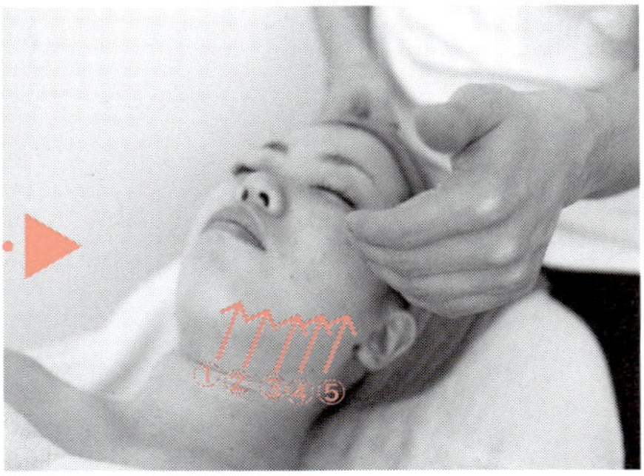

1 片手４指を使用し、フェイスラインを下から上に引き上げるようにおこなう。顎先から耳下腺に向かって少しずつ外側にズレていくように５～６回おこなう。

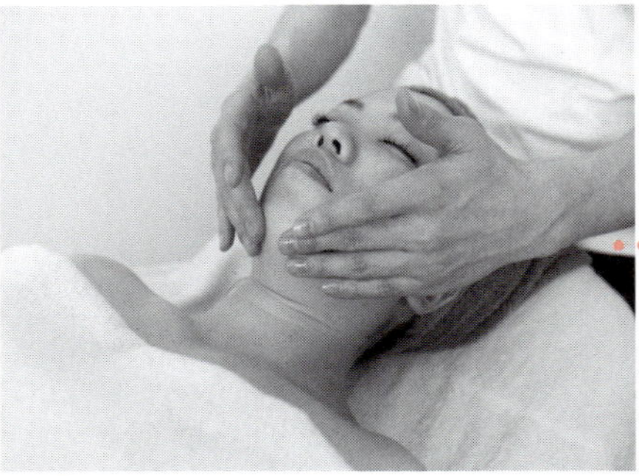

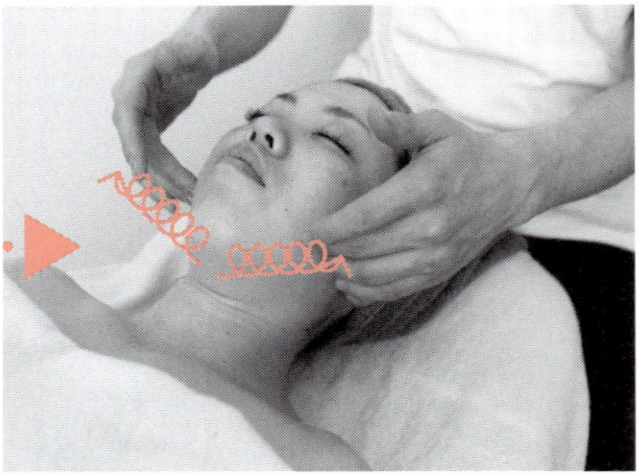

2 中指、薬指の２指を使い、フェイスラインの揉捏法をおこなう。
顎先から、耳下腺に向かって、外回りで、回旋する。

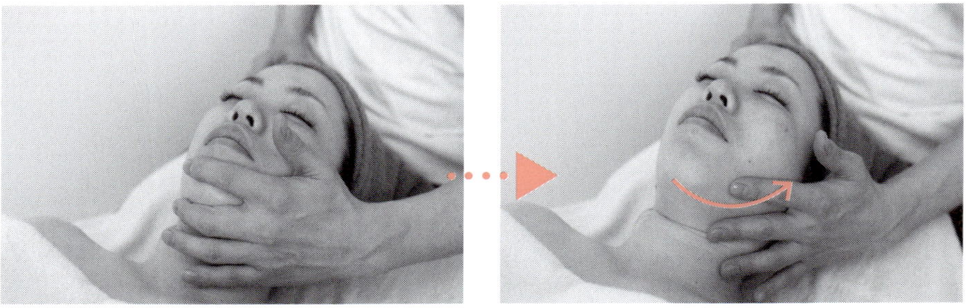

3 人差し指、中指の 2 指で顎を挟むように密着させ、フェイスラインを耳下腺まで少し圧をかけて刺激する。戻りは、中指 1 指を優しく触れながら顎先まで戻る。

フェイスラインテクニック
上級編

左右の手の使い方、指先の使い方に特徴を持ったテクニックです。リズム、強弱を意識しておこないましょう。また、骨の位置関係を意識し、圧加減を変えましょう。

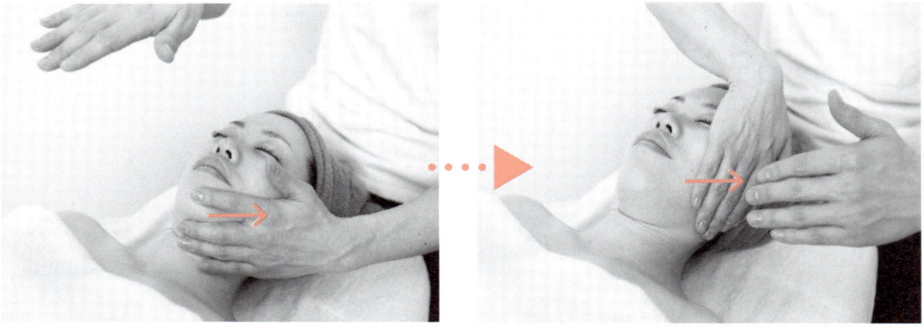

1 左手人差し指、中指で、フェイスラインを挟むように、顎先から耳下腺に向かって刺激し、右手で、左手を追うように、フェイスラインを引き上げるようにおこなう。リズムよく左右の手で交互におこなう。反対側もおこなう。

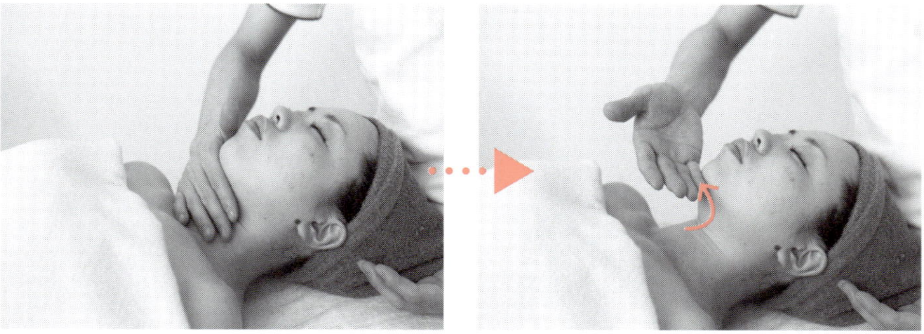

2 首から、フェイスラインにかけて下から上に向かって引き上げるようにおこなう。左右の手で交互におこなう。

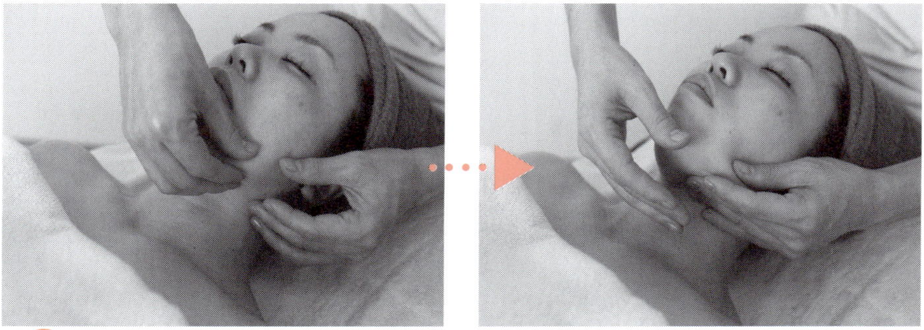

3
フェイスラインの脂肪を親指、人差し指でつまむようにおこなう。
最初は浅めにつまみ、徐々に深くまでおこなっていく。

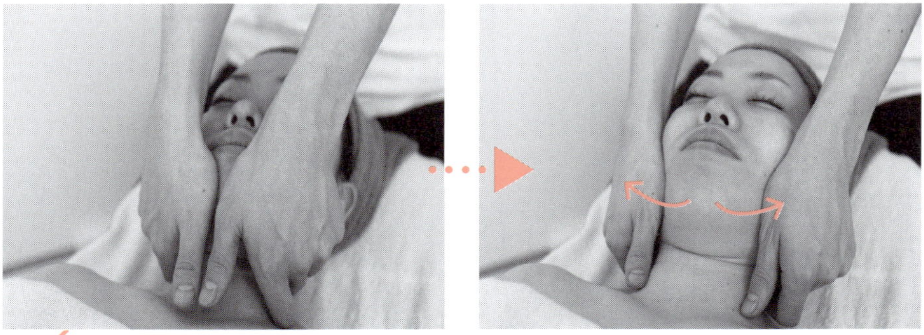

4
4指を耳下腺付近に置き、拇指丘でフェイスラインを引き上げるようにおこなう。
4～5回繰り返す。

Point Tecnique

頬のテクニック

主に頬のたるみ、むくみを改善していくテクニックです。顔全体の中で最もマッサージする回数が多い部分でもあるので、しっかりとテクニックを身につけましょう。手や指先に変化を与えることで、マッサージのバリエーションが増えます。また、力加減やリズムを変えることで、より多くの癒しや、肌への効果を与えることができます。

初級編

主に指先や、手の平全体でおこなう頬の軽擦法です。一定のリズムで密着感を意識しておこないましょう。また、優しく、丁寧におこなうことを意識しましょう。

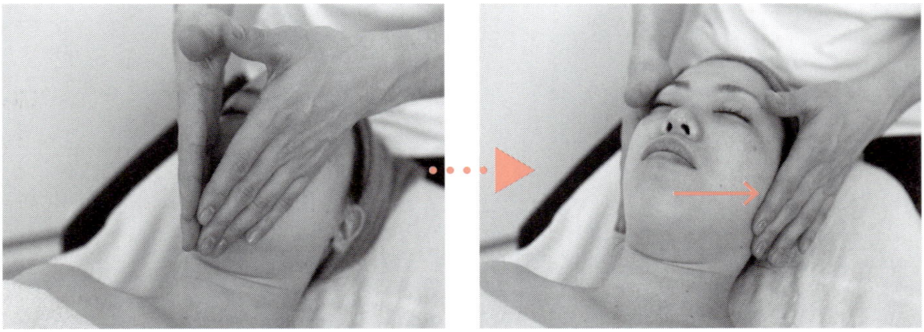

1 両手で顎先から、頬全体を軽擦する。

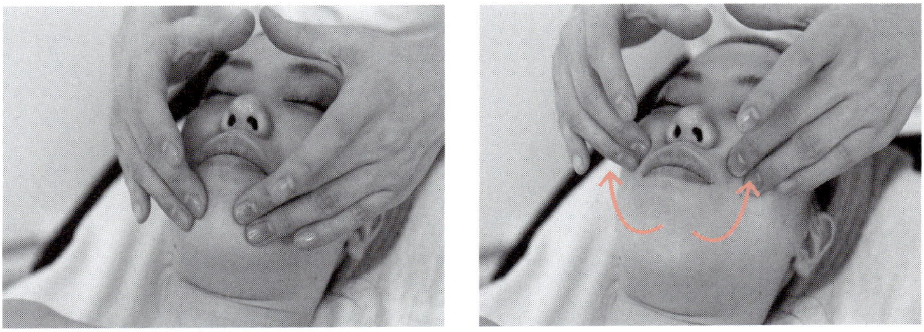

2 顎先から、頬骨部までを、中指、薬指の２指で引き上げる。

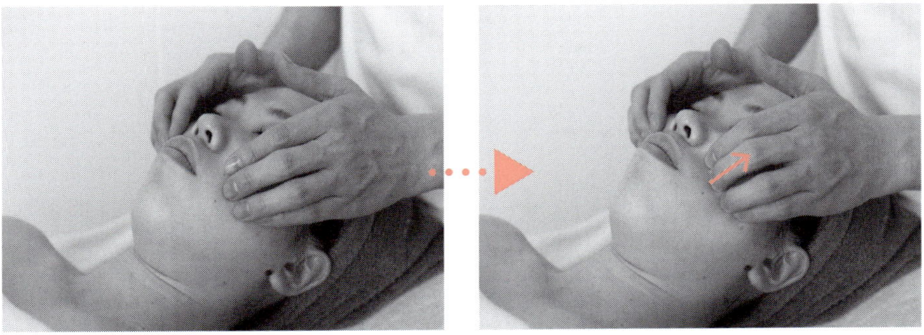

3 ４指の指の腹を使って頬骨部を軽く引き上げるように圧迫する。
３秒程度押さえたら優しく離す。

頬のテクニック

中級編

主に引き上げ、回旋、を意識したテクニックです。リズム、強弱の変化、圧のかけ方を意識しておこないましょう。

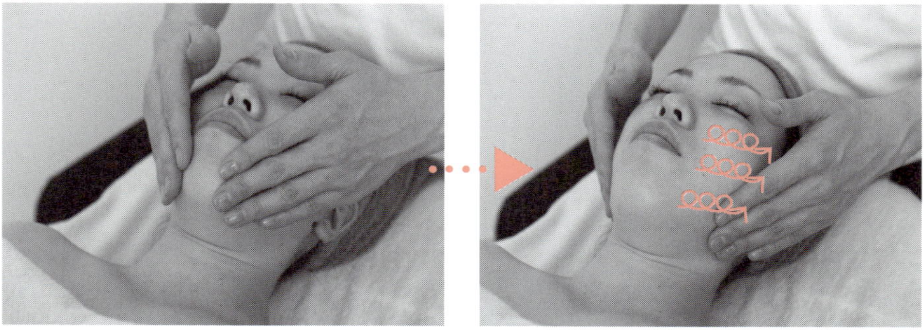

1 フェイスライン、口角〜耳元、小鼻〜こめかみの3ラインを4指を使い、外回りで、回旋する。

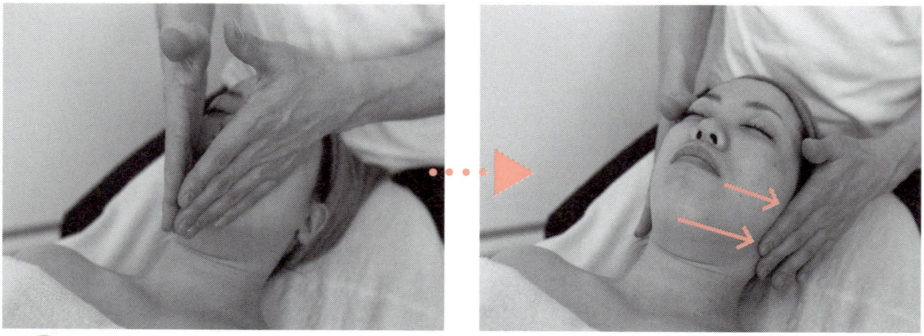

2 顎先から頬全体を圧迫し、サイドに抜ける。顎先、口角に小指の側面を置き、指1本ずつ頬に密着させていき、人差し指がフェイスラインを通って、耳下腺で抜けるようにおこなう。

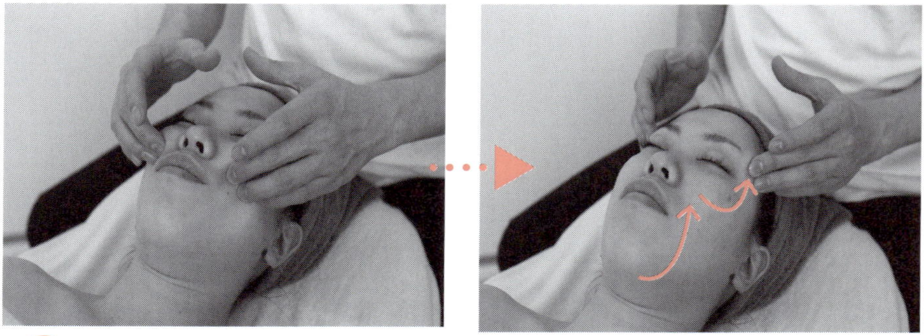

3 中指、薬指の２指で顎先から、頬骨部まで、引き上げ、そのまま頬骨に沿うようにサイドに抜け、こめかみまで、引き上げる。

Point!

■ 頬はマッサージの中でもウェイトを占める場合が多いので、過度の摩擦を与えないように、力加減に注意しましょう。

■ 常に頬骨を意識し、圧のかけすぎでストレスにならないように注意しましょう。

頬のテクニック
上級編

リズム、強弱・密着を意識しておこないましょう。また、骨の位置関係を意識し、
圧加減に注意しながらおこないましょう。

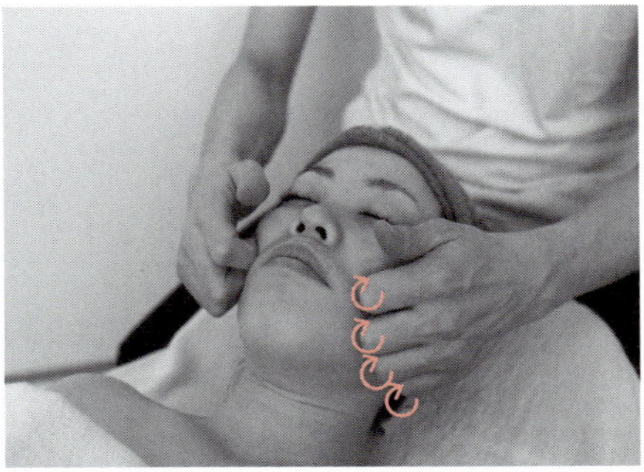

1
4 指の第一関節を使い、頬全体の筋肉をほぐすようにおこなう。力が入りやすいので、力加減に注意しながらおこなう。

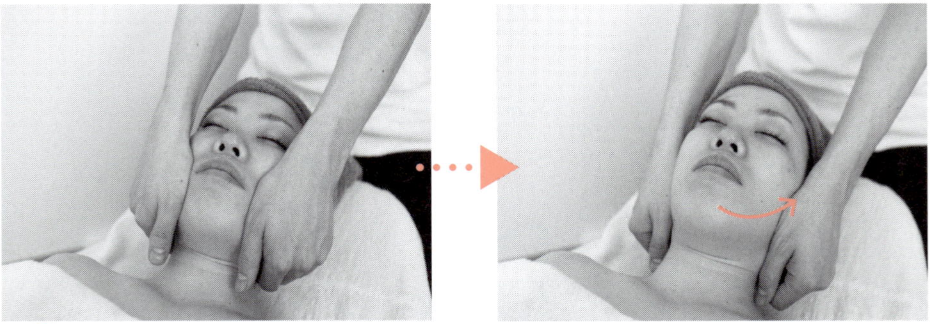

2
4 指を耳下腺付近に置き、口角に拇指丘をあて、そのまま、咬筋を刺激するように、圧をかけながら耳元で抜ける

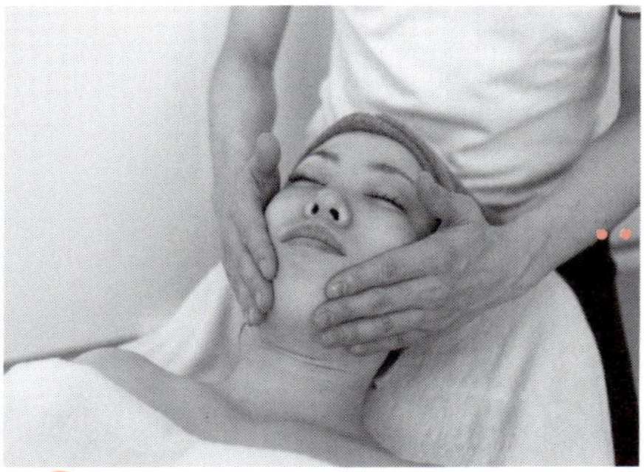

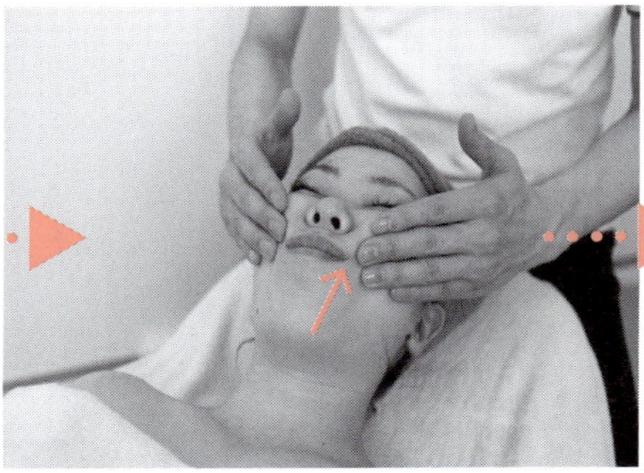

3 両手を逆ハの字型にし、口角を真上に引き上げ、頬骨部まで上がり、人差し指一本で耳元に抜け、そのまま、顎先まで、楕円を描くようにおこない、はじめの逆ハの字型に戻る

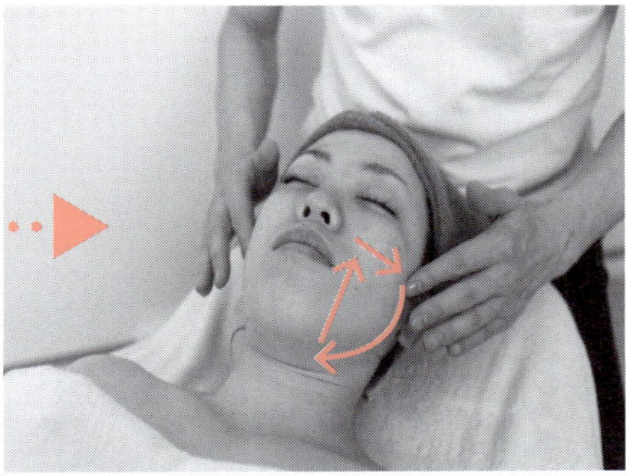

Point Tecnique

目の周りのテクニック

目の周りは、効果が出やすいので、お客様にとっては分かりやすい部位です。しかし、デリケートな部分ですので、力の入れ方、回数などに気をつけなければなりません。

初級編

主に圧迫法、軽擦法を意識したテクニックです。強さ、力の入れ加減などに注意しておこないましょう。

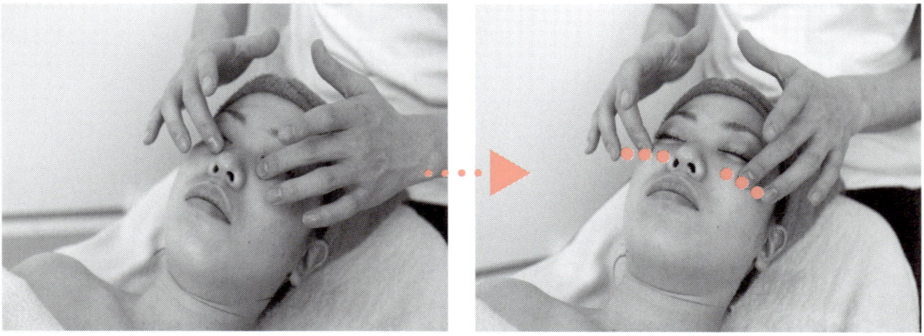

1 中指１本で、目の下を内側から外側に向かって３箇所を一箇所ずつ優しく圧迫する。

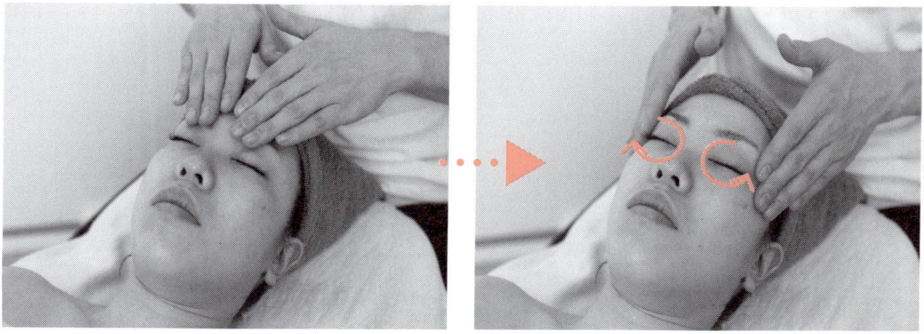

2 瞼の上を手の平（主に４指）を使い、優しく、外回りに、回旋する。

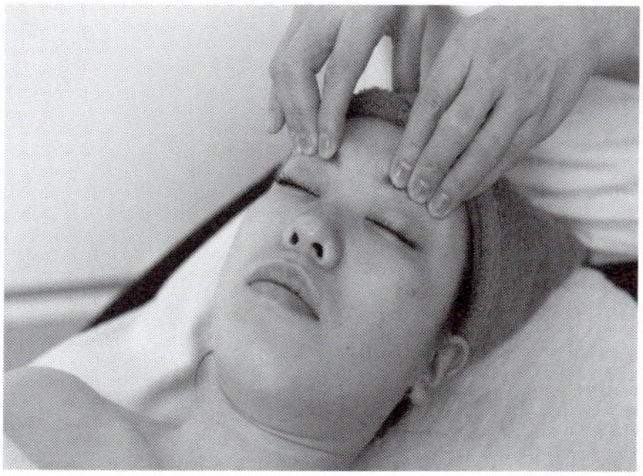

3 しゅう眉筋を少し引き上げながら３秒程度圧迫する。

目の周りのテクニック

中級編

主に引き上げ、回旋、を意識したテクニックです。リズム、強弱の変化、圧のかけ方を意識しておこないましょう。

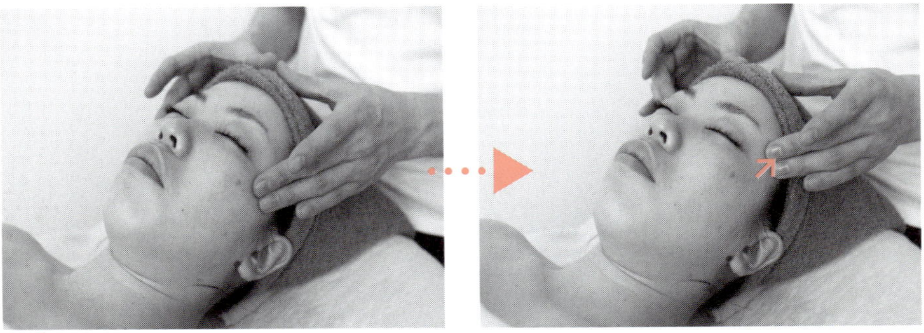

1 中指、薬指の 2 指で、こめかみの上下 2cm 程度を引き上げる。

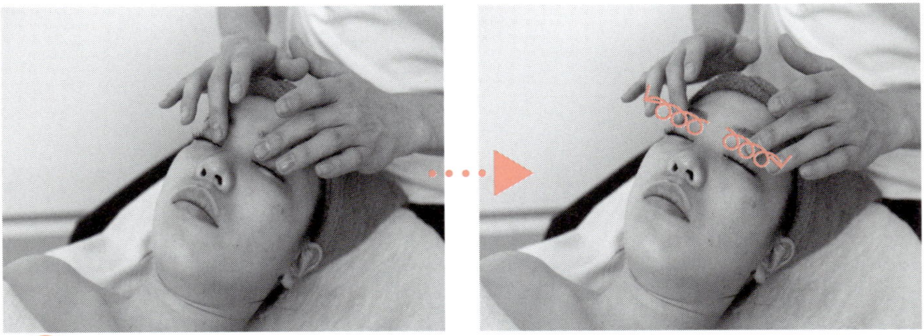

2 中指一本で、瞼の上を優しく内回りで回旋軽擦。

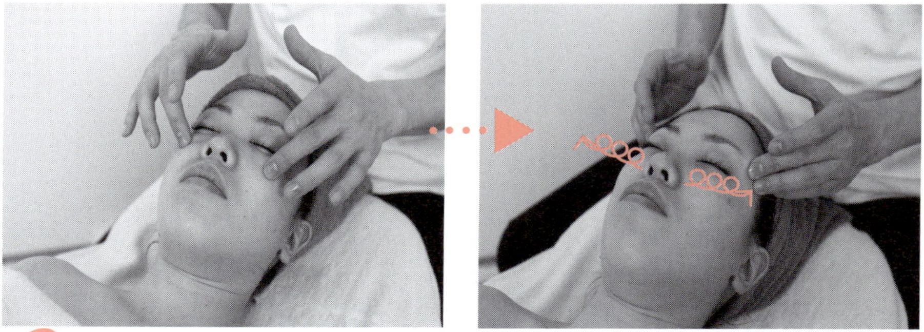

3 中指で、目の下を外回りで、回旋軽擦。

目の周りのテクニック

上級編

主に引き上げ、左右の手の使い方、指先の使い方を意識しておこないましょう。リズム、強弱を意識するとともに、筋肉、骨の位置関係を意識し、圧加減を変えましょう。

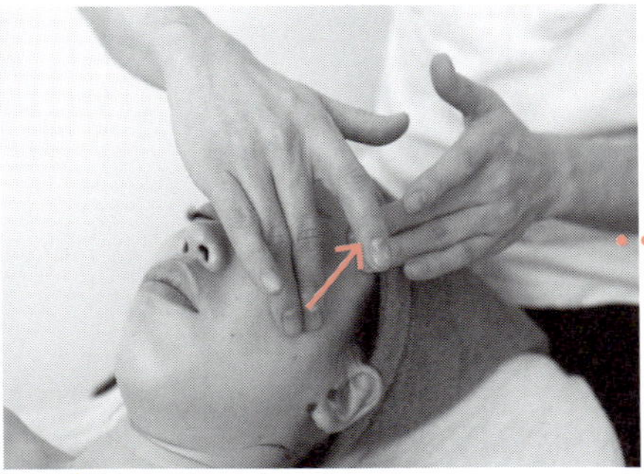

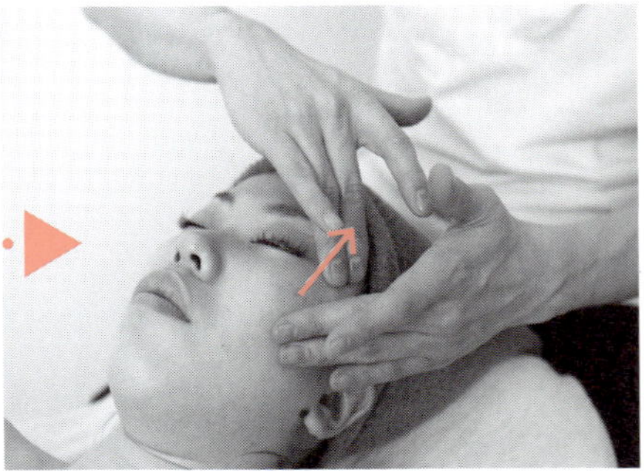

1 こめかみの上下 2cm 付近を中指、薬指の 2 指で左右の手で交互に引き上げ軽擦をおこなう。

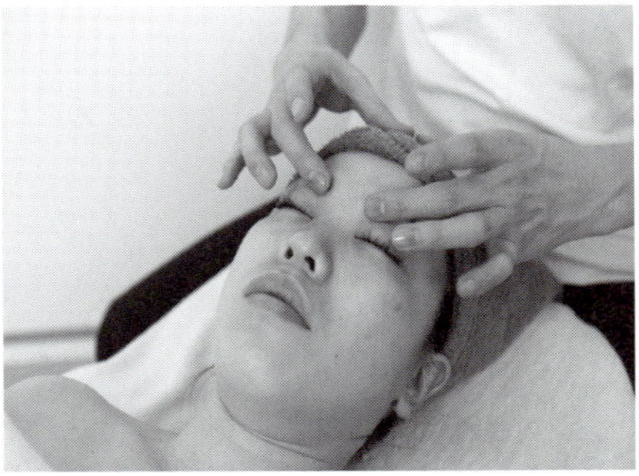

2 雛眉筋を中指で 3 カ所少し引き上げ、そのまま圧迫する。1 カ所 5 〜 6 秒程度おこなう。

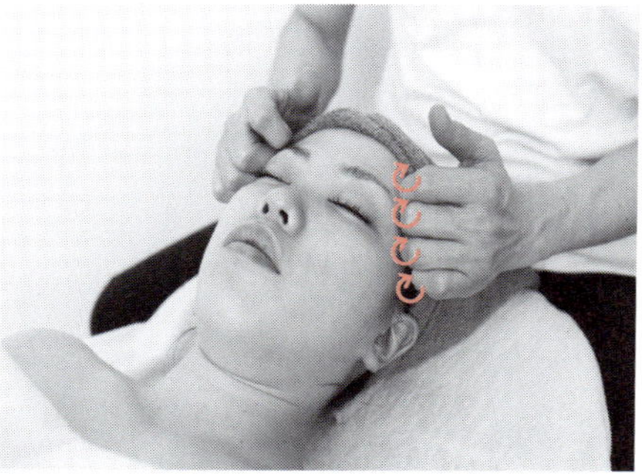

3 こめかみ付近を 4 指の第一関節を使い、揉捏法でほぐす。

Point!

フェイシャルをおこなうときはコンタクトレンズをはずしていただくのが基本ですが、はずしたくないという方もごくまれにいらっしゃいます。コンタクトレンズをされている方の目の周りのマッサージはより丁寧におこないましょう。

Point Tecnique

額のテクニック

主に、前頭筋を刺激するテクニックです。
額のシワや顔全体のリフトアップに効果が期待されます。

初級編

主に指先を使う軽擦法です。一定のリズムを意識しておこないましょう。
また、優しく、丁寧におこなうことを意識しましょう。

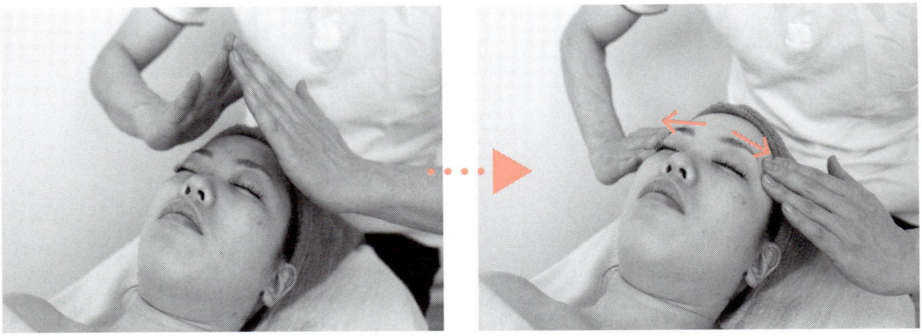

1 左右の４指を密着させ、額中央から、左右にわかれ、こめかみで止まる。

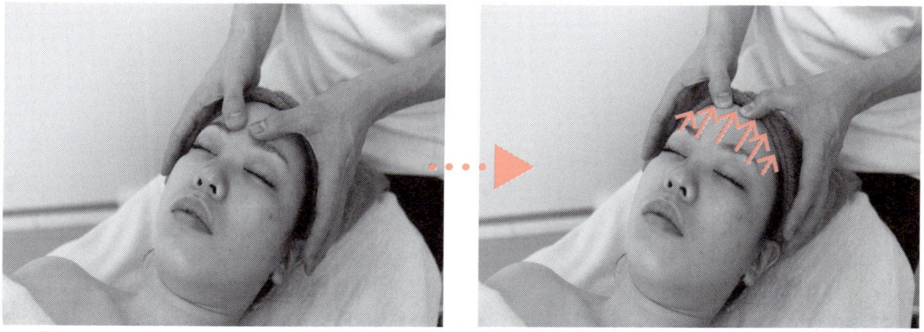

2 額を親指で中央から左右に 4 ライン引き上げる。

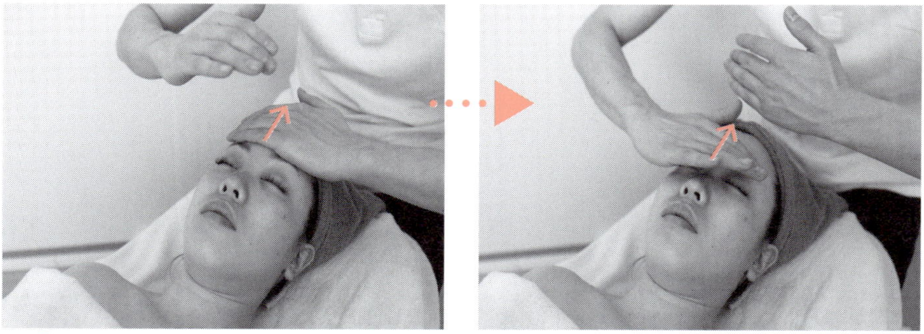

3 手掌全体を密着させ、額全体を左手で引き上げる。右手も同じようにおこなう。
これを数回繰り返す。

額のテクニック
中級編

左右の手の使い方、指先の使い方に特徴を持ったテクニックです。リズム、強弱を意識しておこないましょう。

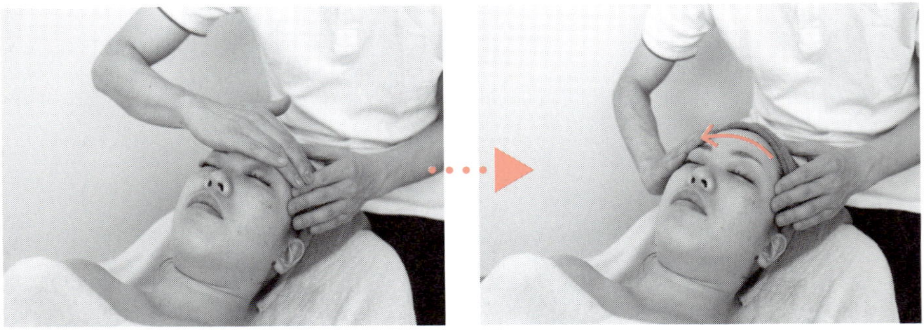

1 手掌全体を密着させ、左右の手で交互にこめかみまでおこなう。

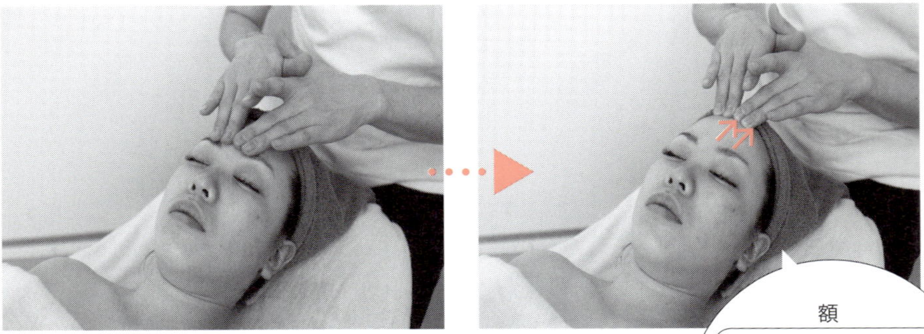

2 左右の中指、薬指を使い、額を引き上げる。
中央〜左こめかみ〜中央〜右こめかみ〜中央の順（右図参照）に、スムーズに引き上げていく。

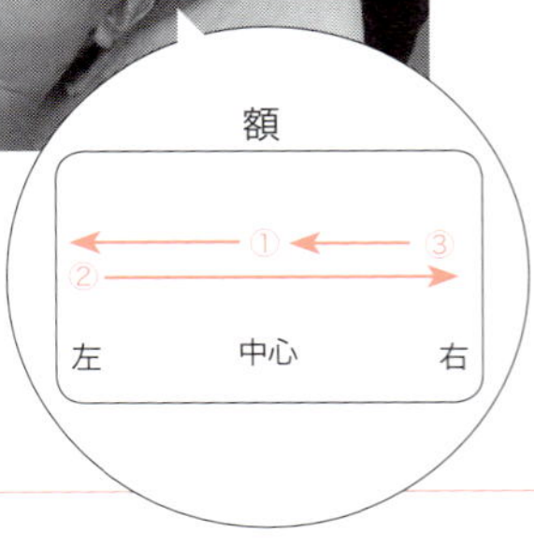

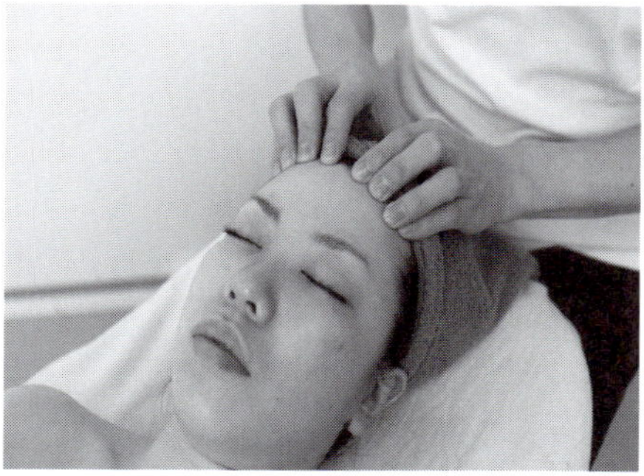

3 左右の４指を使い、額生え際をプッシュしながら、引き上げる。

額のテクニック

上級編

指先の特殊なテクニックを使います。リズム、強弱を意識しておこないましょう。

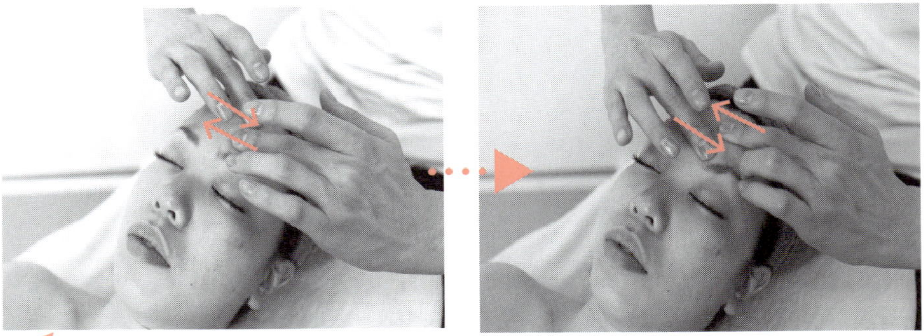

1 左右中指を使用し、交互に揉捏する。

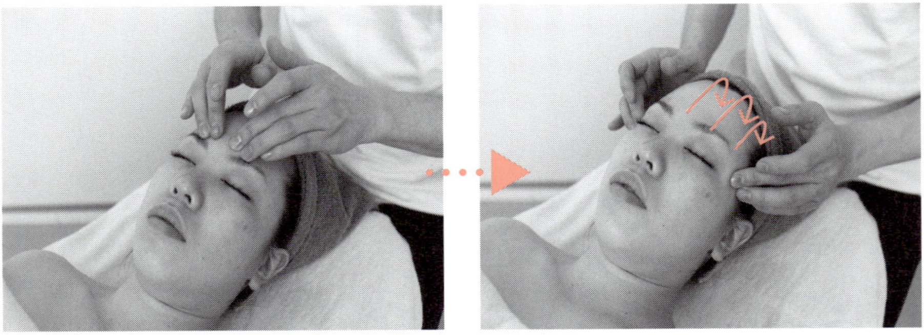

2 中指、薬指を使い、額の３～４カ所を額中央から引き上げながら内回りで回旋し、
こめかみまでおこなう。（引き上げるときに力を入れるように）

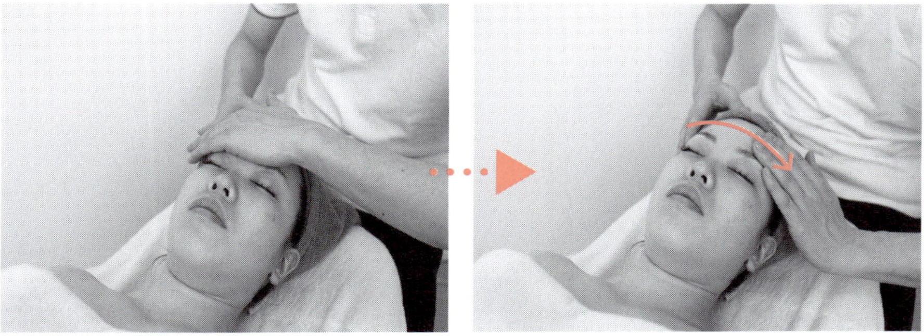

3 左手を額に密着させ、拇指丘に力をかけ、圧迫しながらこめかみまで、左右の手で交互におこなう。

Point!

額は比較的刺激に対して鈍感な部位です。
ある程度圧を入れた方が気持ちがいいという
お客様が多いので、様子を見ながら力加減を
意識しておこなうことが大切です。

Point Tecnique

鼻のテクニック

鼻はデリケートな部位なので、軽擦法によるテクニックがメインです。
力の入れ加減に注意しておこなわなければなりません。
丁寧におこなうことを意識しましょう。

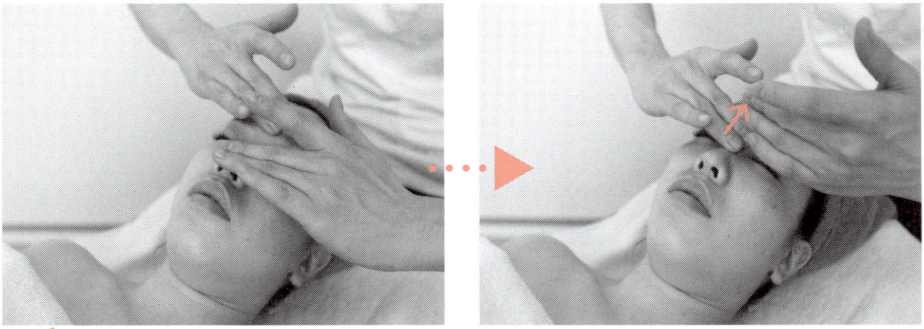

1 人差し指、中指で鼻を挟むように、左右交互に引き上げ軽擦。

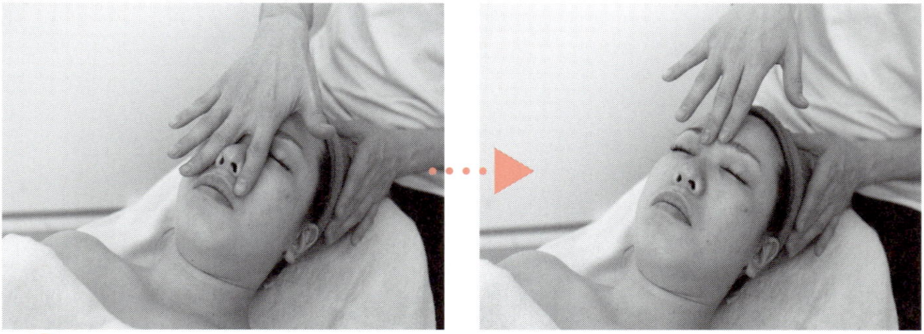

2 左右の中指、薬指を使い、左右交互に鼻筋から額までを引き上げ軽擦。

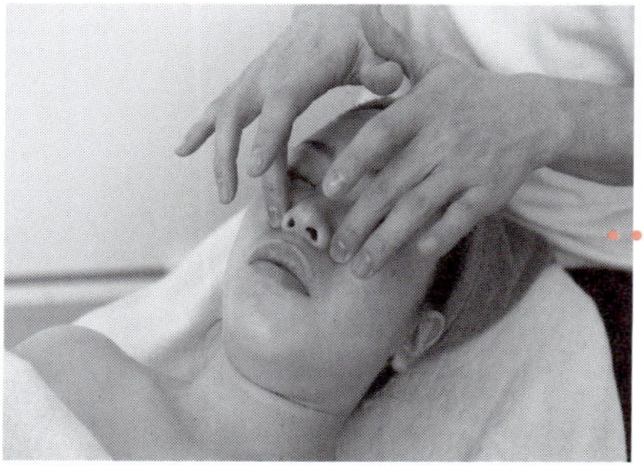

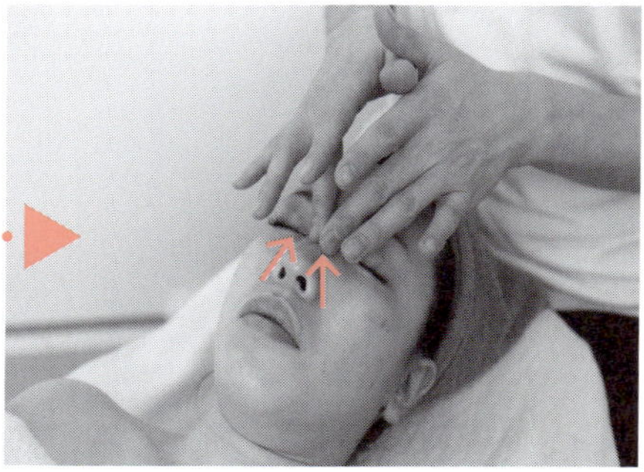

3 中指で小鼻横を引き上げながらプッシュ、鼻根筋を通り、眉頭をプッシュ。数回繰り返す。

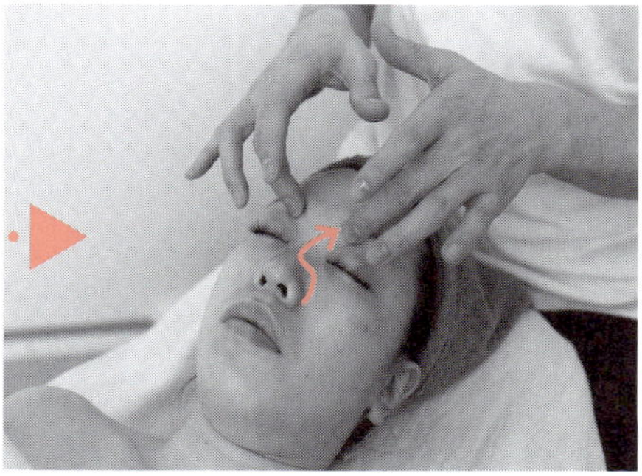

Point Tecnique

口の周りのテクニック

マッサージをおこなう際に唇に触れるお客様にとっては非常に不快感を与えてしまいます。唇には触れないように注意しましょう。また、冬場などの乾燥しやすいシーズンは唇も乾燥しています。強いマッサージは唇を裂く原因にもなりますので丁寧におこなうことを意識しましょう。

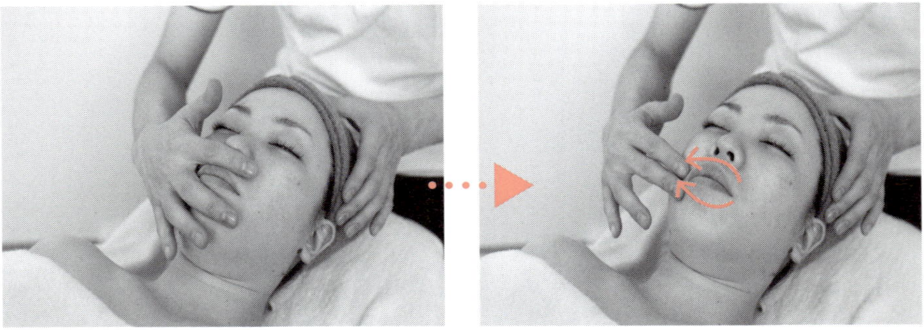

1 人差し指、中指を使い、口を挟むように、頬に抜けるように軽擦。左右の手で交互におこなう。

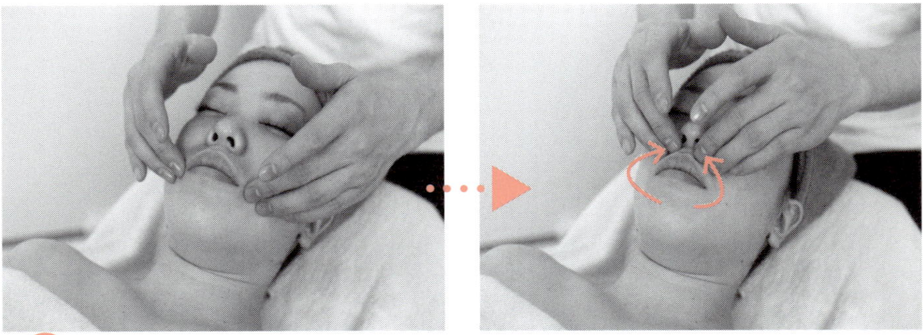

2 口輪筋に沿って、口角を引き上げるように、中指、薬指 2 指で同時におこなう。

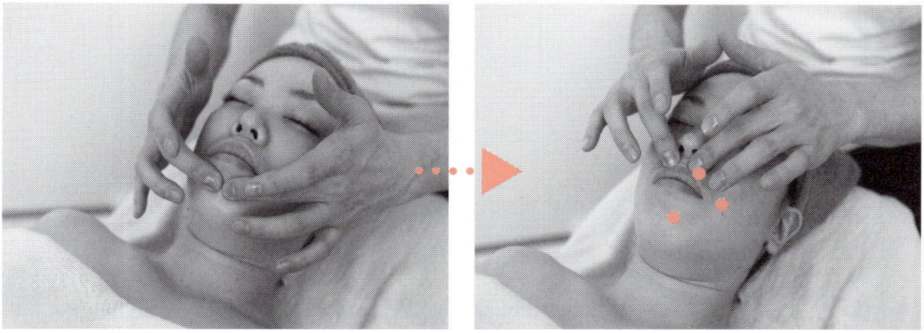

3 中指で口の周りを３ヶ所プッシュ。

Point Tecnique

耳のテクニック

耳の手技は、丁寧におこなわないと、お客様は雑音が気になってしまい、リラクゼーション効果は半減してしまいます。
優しく、丁寧におこなうことを意識しましょう。

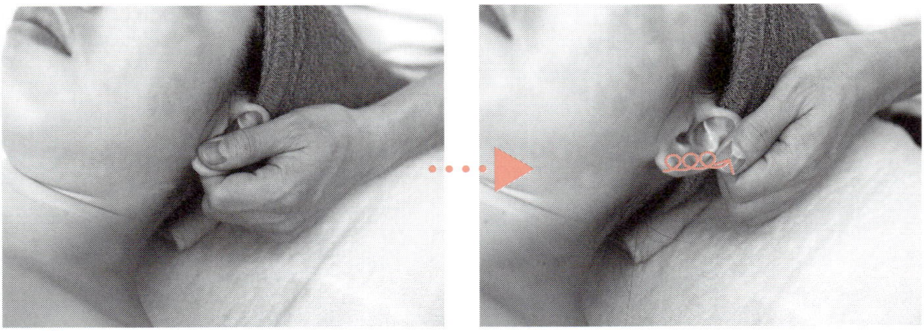

1 耳全体を親指、人差し指でラセンを描くように軽擦。

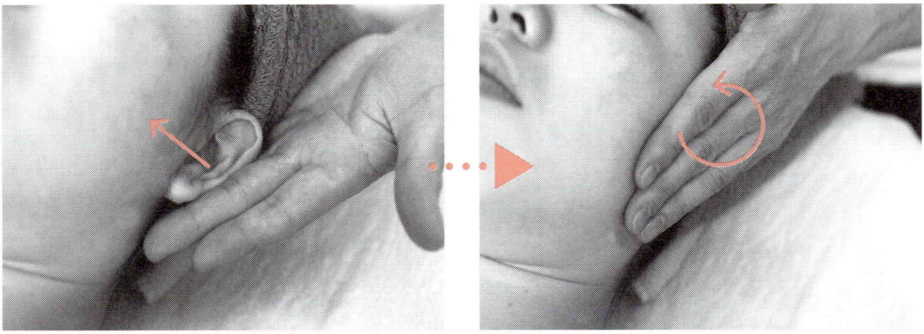

2 耳を折りたたむようにし、手掌で軽く圧迫し、ゆっくり回旋する。

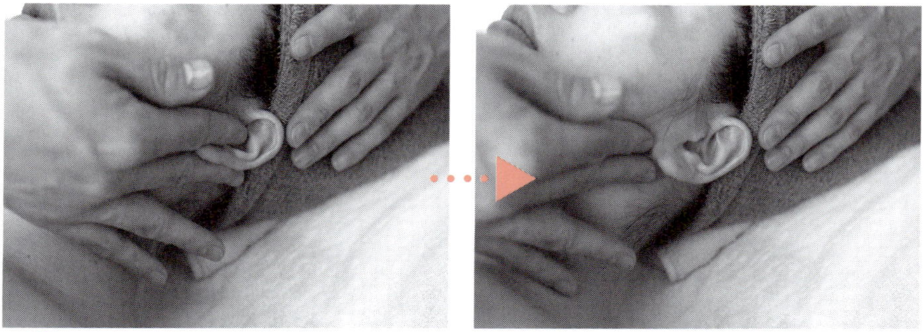

3 人差し指と中指で耳たぶをはさみながら耳下腺を刺激するように下に引く。

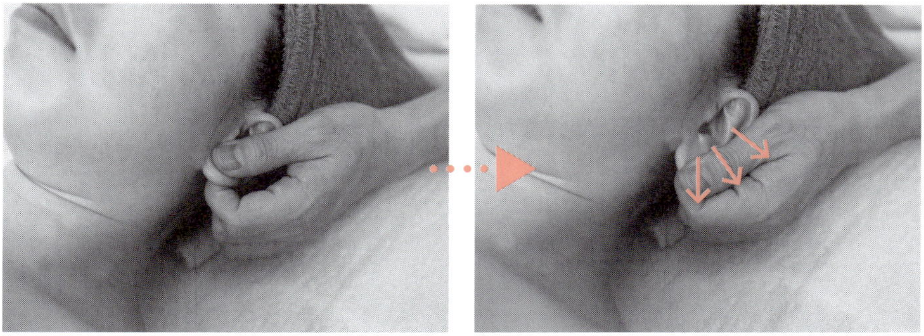

4 親指、人差し指で耳を矢印方向に3箇所引っ張る。若干斜め上に引くように意識する。

リピート率を上げる
カウンセリング成功の秘訣とは?

お客様の満足度を高め、リピート率を上げるための最も重要なツールがカウンセリングです。カウンセリングの良し悪しで売上げが左右するといっても過言ではありません。

カウンセリングを受けに来るほとんどのお客様は、何かしらの悩みを抱えています。その原因と解決方法が分からないので、サロンに来るのです。簡単な話ですが、このお客様の悩みの原因と解決方法をしっかりとお伝えすることが、カウンセリングでは最も重要なのです。

サロンで施術を受けることで、悩みを解決できることを知れば、お客様は高い確率で来店されます。また、ある商品を使用することで、悩みを解決できると分かれば、その商品を購入されます。

たとえば、これは多くの方が経験済みだと思いますが、具合が悪くなり病院へ行き、お医者さんに原因を知らされ、このお薬を飲んでくださいといわれれば必ず飲むはずです。来週きて下さいといわれれば、おそらく行くでしょう。つまり、原因と解決方法をしっかりと理解していただくことが、カウンセリングをおこなう上で最も大切なことなのです。

Chapter 5

悩み別テクニック

お客様はむくみやたるみなど、なんらかの悩みを持ってサロンに来店されることがほとんどです。その悩みに応えることでリピート客を作ることができます。悩みを解決するためには、正しいテクニックを身につけなければなりません。密着や、部位、回数を意識しておこなうことが重要です。

たるみの改善テクニック

たるみの原因には、表情筋の衰えや、コラーゲン線維の老化により肌全体に弾力がなくなることが挙げられます。表情筋は皮膚に直接付いている筋で、人間の豊かな表情を作ります。この表情筋は年齢と共に衰え、顔のたるみを作る原因になっています。フェイシャルマッサージをすることで、表情筋を刺激し、表情筋にハリを与え、血行を促進します。コラーゲン線維を作り出す線維芽細胞を活性化し、たるみの改善をおこなっていきます。

フェイスラインのたるみ

フェイスラインは特にたるみやすい部分で、多くの女性がたるみや二重顎に悩まされています。フェイスラインの脂肪の増加や表情筋の衰えが主な原因となっています。

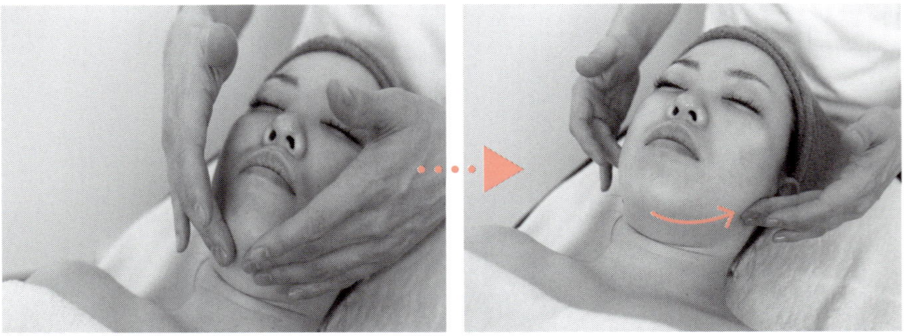

1 中指、薬指２指で顎裏をおこなう。顎先から耳下腺に向かって軽擦する（10 回）。

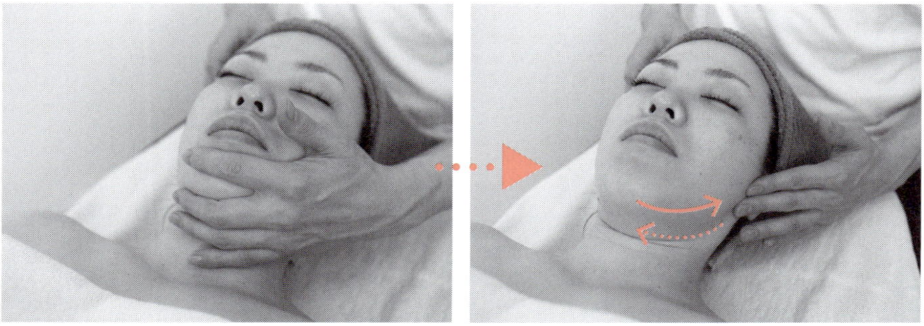

2 中指、薬指２指でフェイスライン全体を顎先から耳下腺に向かって軽擦し、流れを途切れさせないように軽く触れながら元の位置に戻る（左右 15 回）。

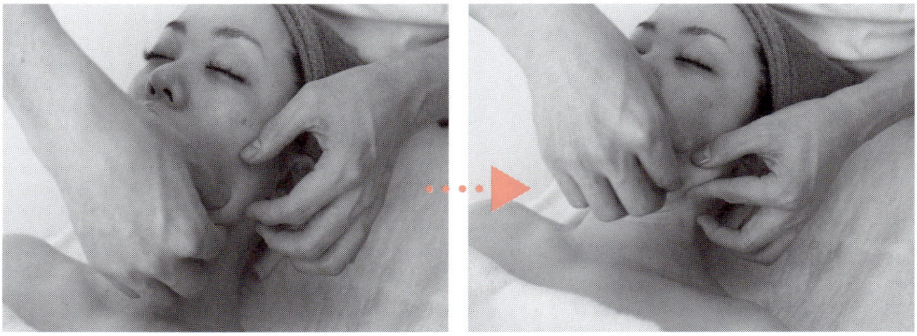

3 フェイスラインの脂肪を親指、人差し指でつまむようにおこなう。最初は浅めにつまみ、徐々に深くまでおこなっていく。左右両手で片側をおこなう。終わったら反対側をおこなう。
※①〜③は通しておこない、それを２セット繰り返す。

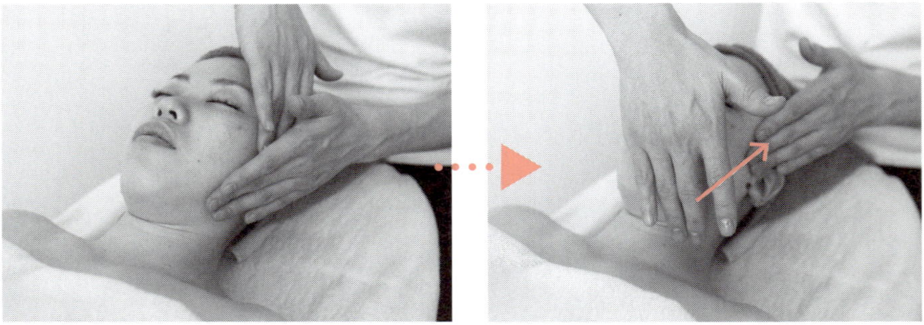

4 咬筋部を左右の中指、薬指で交互に 10 回程度引き上げる。反対の頬も同様におこなう。

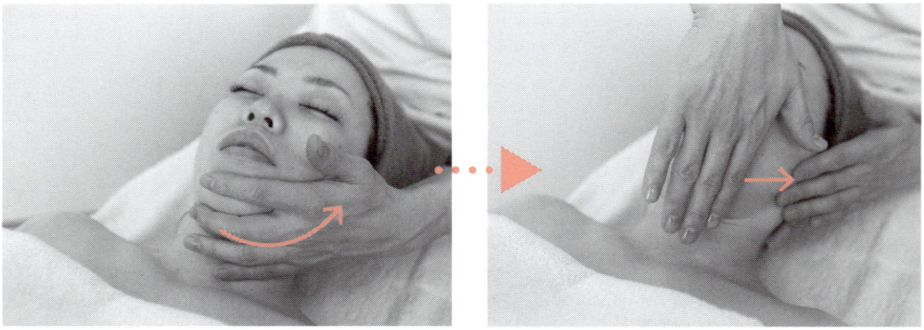

5 左手人差し指、中指で、フェイスラインを挟むように、顎先から耳下腺に向かって刺激し、左手で右手を追うように、フェイスラインを引き上げるようにおこなう。リズムよく左右交互におこなう。交互に 10 回。流れが途切れないように反対側の頬に移行し、同じようにおこなう。

Treatment for Trouble Skin

頬のたるみ

頬のたるみは頬周辺の表情筋の老化や、脂肪が増えたりすることでおこります。また、頬がたるむことで、ほうれい線が生じたり、毛穴の開きが生じることがあります。

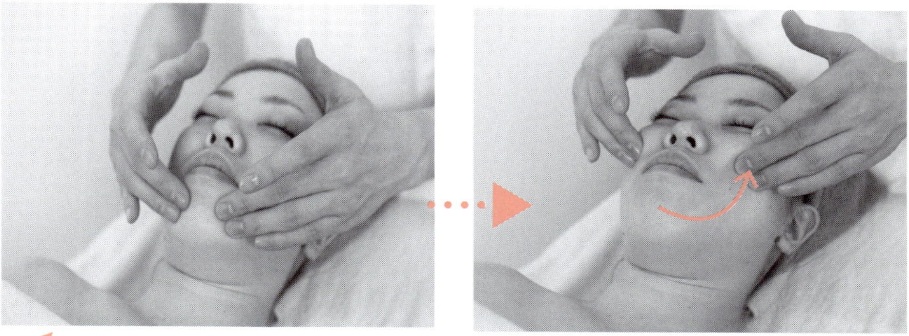

1 顎先から、頬骨部までを、中指、薬指の２指で引き上げる（10回）。

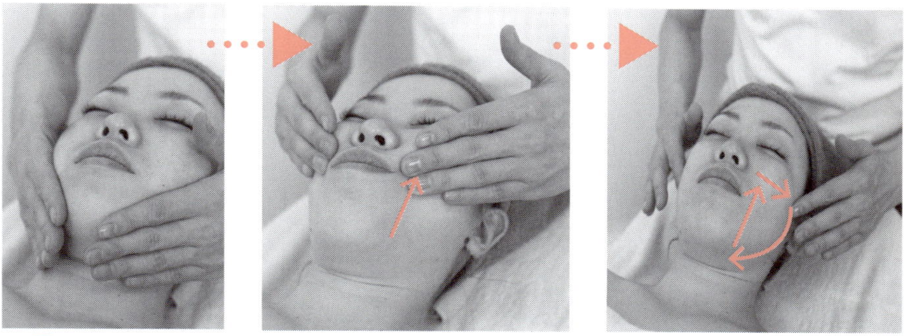

2 両手を逆八の字型にし、口角を真上に引き上げ、頬骨部まで上がり、
人差し指一本で耳元に抜け、そのまま、顎先まで、楕円を描くように戻る（15回）。

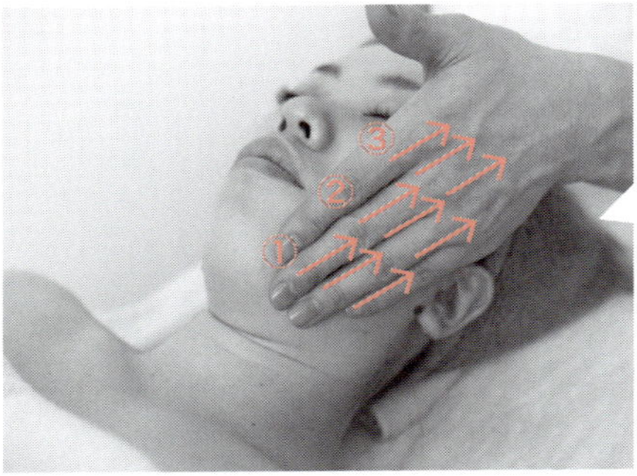

3 フェイスライン、口角～耳元、小鼻～こめかみの３ラインを４指の指頭を使い、引き上げていく。片側が終わったら、反対側をおこなう（左右２セット）。

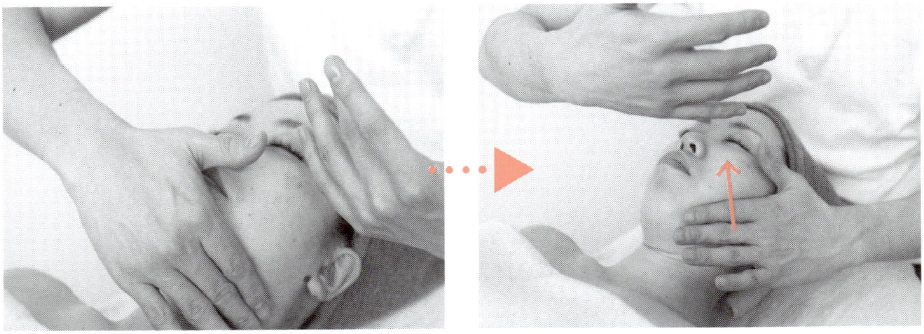

4 頬全体を両手の４指を使い、弾くように引き上げる（10回）

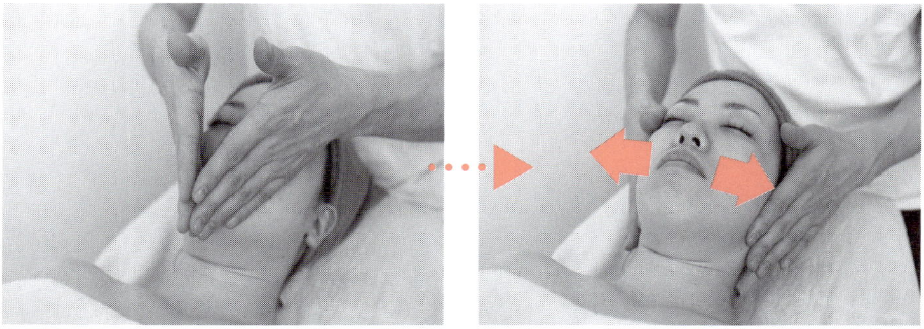

5 顎先から頬全体を圧迫し、サイドに抜ける。顎先、口角に小指の側面を置き、指 1 本ずつ頬に密着させていき、人差し指がフェイスラインを通って、耳下腺で抜けるようにおこなう（5 回）。

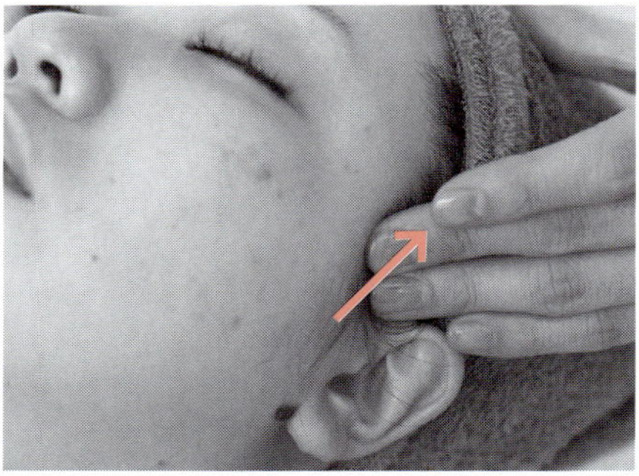

6 中指、薬指で前耳介筋部を真上に引き上げる（10 回）。

目元のたるみ

目元がたるむと一気に老けて見えます。目元のたるみは眼輪筋の疲労や老化が主な原因です。しっかりとほぐして、さらに活性化させることが大切です。

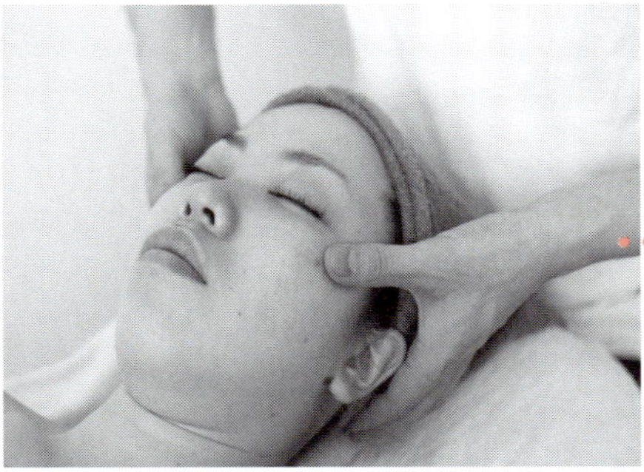

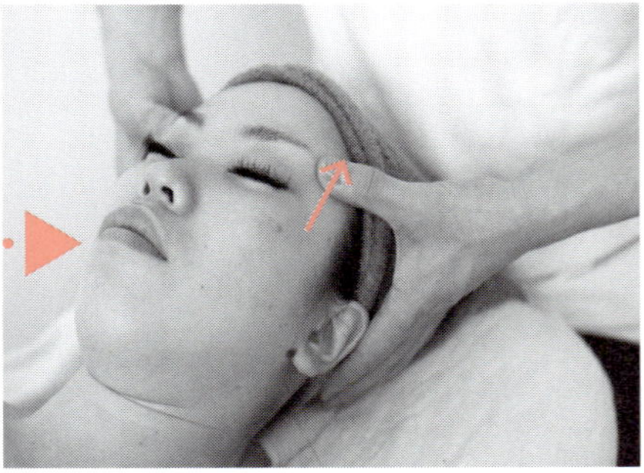

1 親指で目じりを縦に 10 回引き上げる。

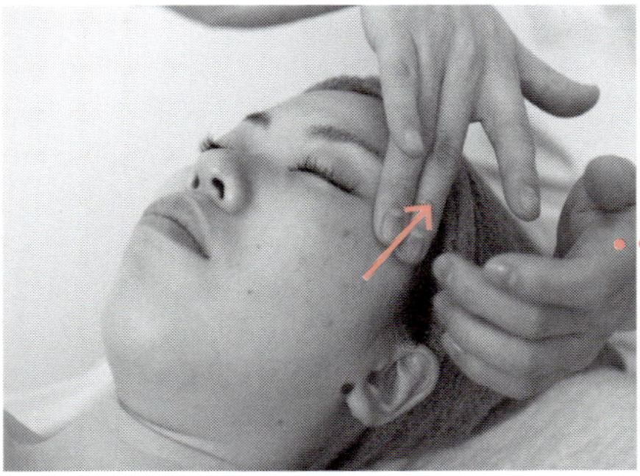

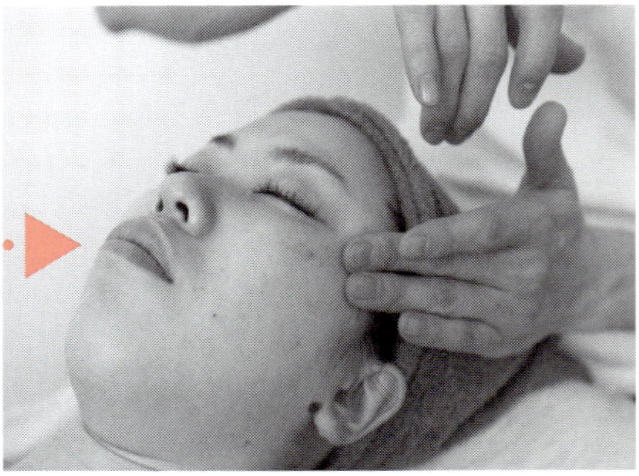

2 目じりを左右交互に引き上げ、片方が終わったら反対側をおこなう（各 10 回）。

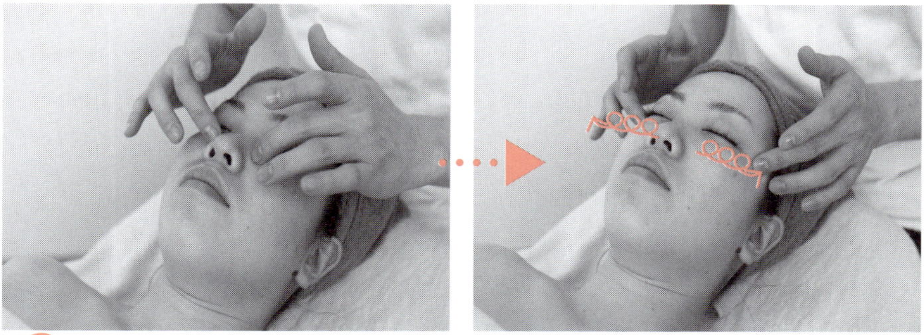

3 目の下の軽擦。4 指全体を眼球の上に置き、外回りの回旋で優しくおこなう（5 回）。

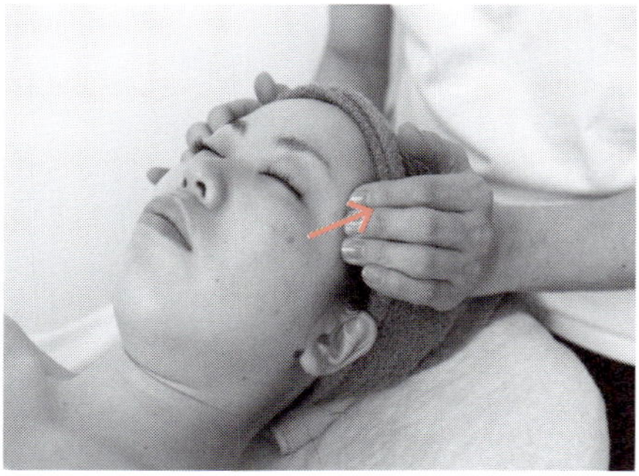

4 3 指で目じりから斜め上の延長線上の生え際を斜め上に引き上げる (10 回)。

むくみ改善テクニック

むくみの原因は主にリンパや血液の流れが滞ることが挙げられます。血行不良やリンパの滞りは老廃物の蓄積を起こします。まずは血液の循環を促すことが重要です。血液、リンパの流れを意識しておこないましょう。

フェイスラインのむくみ

フェイスラインは、リンパと血流がもっとも滞りやすい部位です。
また、むくみを放っておくとたるみが起こることがありますので注意を。

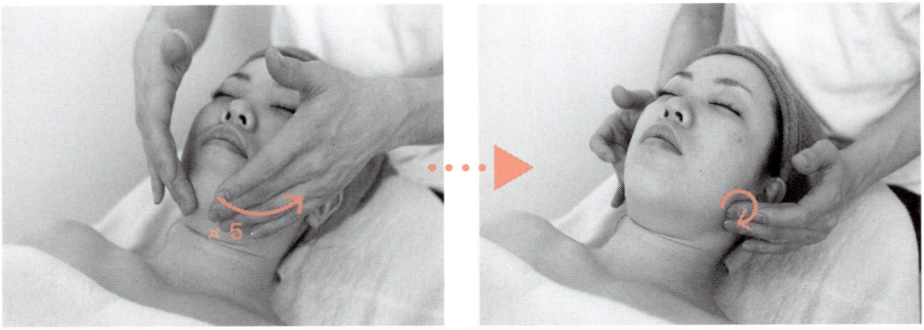

1 中指、薬指２指で顎裏を耳下腺まで軽擦５回、
５回目に耳下腺をほぐすように回旋５回。これを５セット繰り返す。

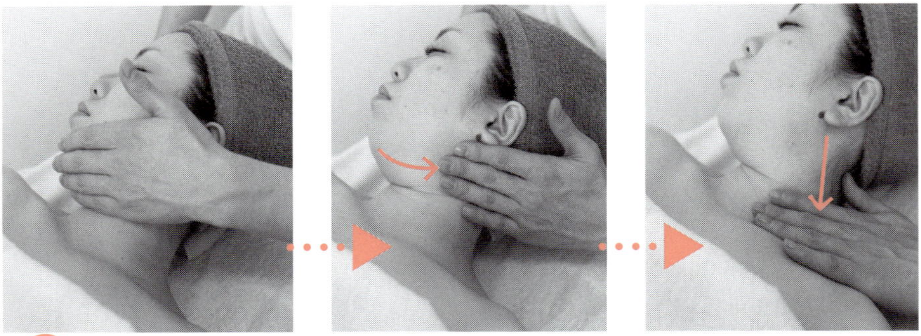

2 顔を横に傾け、顎先から耳下腺までのフェイスラインを軽擦し、耳下腺から、鎖骨に向かって軽擦（10回）。※片方が終わったら、反対側をおこなう。

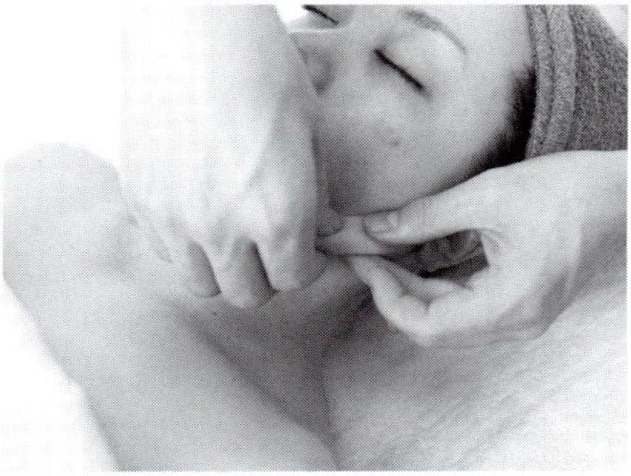

3 フェイスラインの揉捏、フェイスラインの脂肪をほぐすようにおこなう。

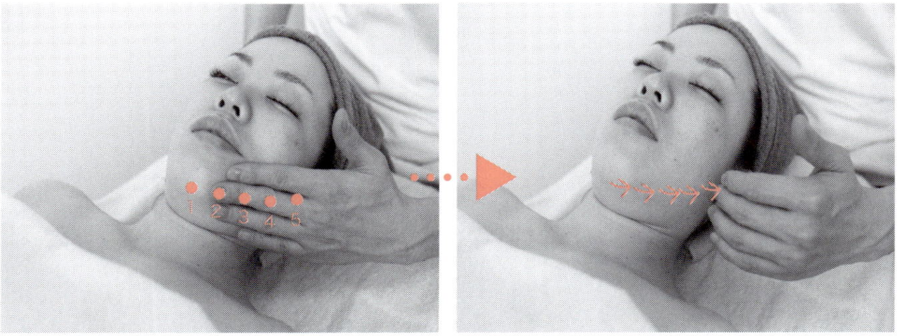

4 フェイスライン、顎から、耳下腺まで（写真右の点から耳下腺まで）を３指で
５回程度で引き上げるように軽擦（これを２セット）。半顔が終わったら反対側をおこなう。

頬のむくみ

頬がむくむことによってはれぼったいイメージになり、顔が大きく見えてしまいます。血行、リンパの流れを促進することが大切です。

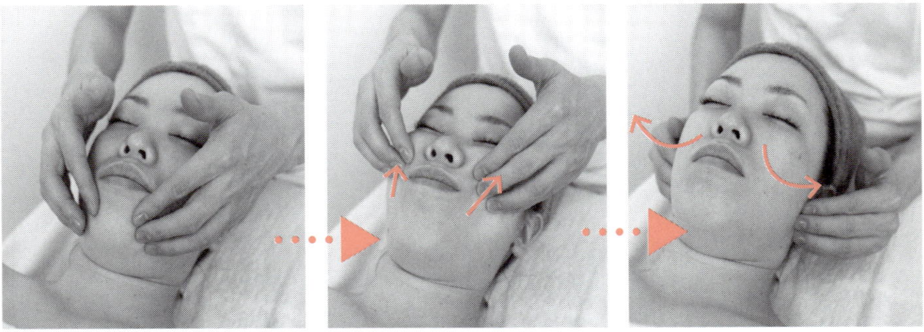

1 4 指で頬骨まで引き上げ、そのままサイドに耳下腺まで流す。

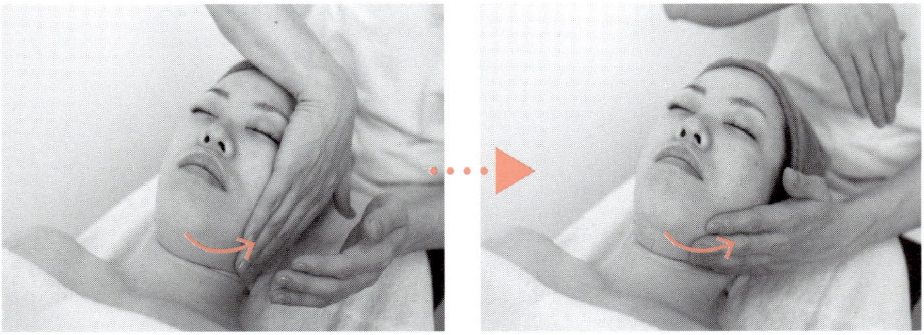

2 右手で頬骨から耳下腺まで軽擦、左手でフェイスライン耳下腺まで交互に軽擦（10 回）。
半顔が終わったら反対をおこなう。

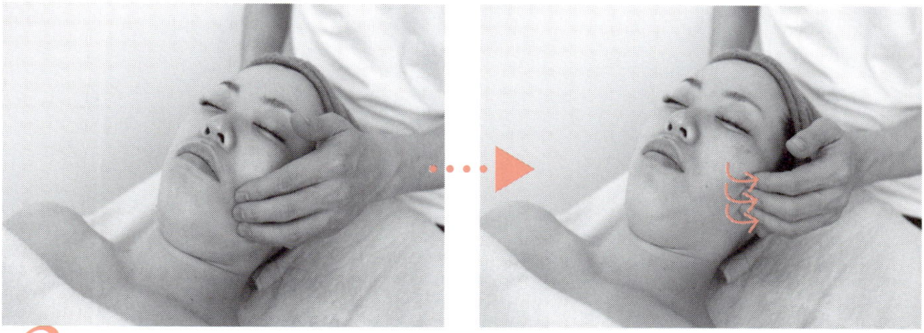

3 4指で頬全体をほぐす。半顔が終わったら、反対をおこなう。

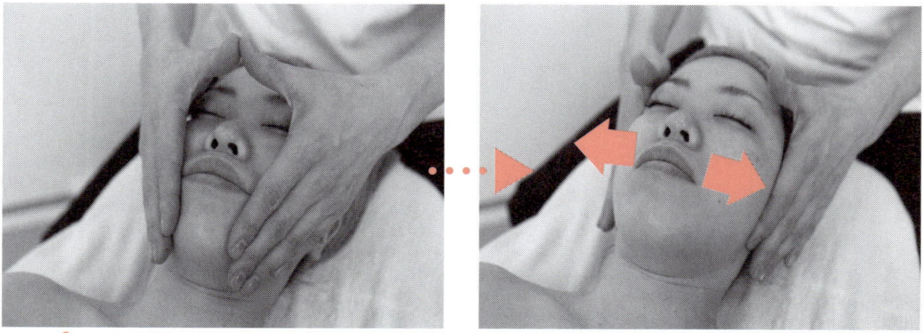

4 頬全体を圧迫軽擦（5回）。

目のむくみ

目のむくみは主に血行不良、リンパの流れが悪くなることでおこります。目はデリケートな部位ですので、軽擦法をメインに優しくトリートメントをおこないます。

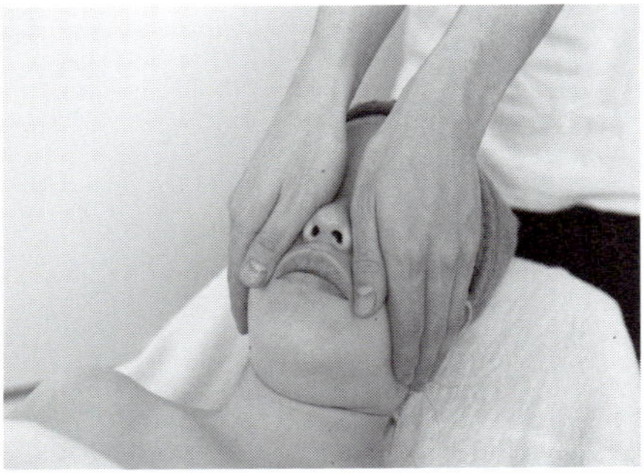

1 拇指で目を優しく 10 秒ほど圧迫する。

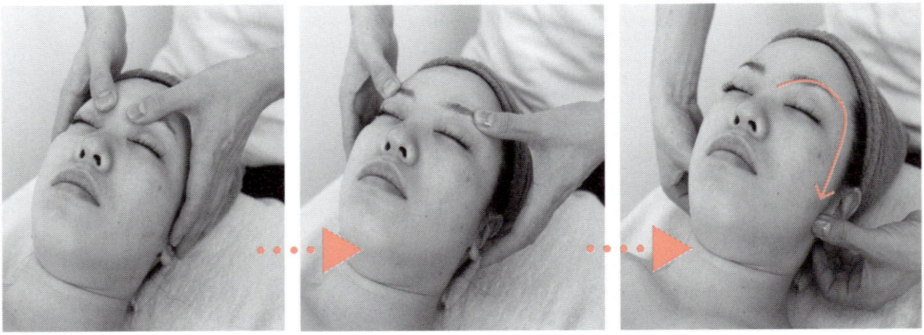

2 親指で眉頭を引き上げ、眉毛を通り、サイドに流れ、こめかみを通って耳下腺までおこなう（5回）。

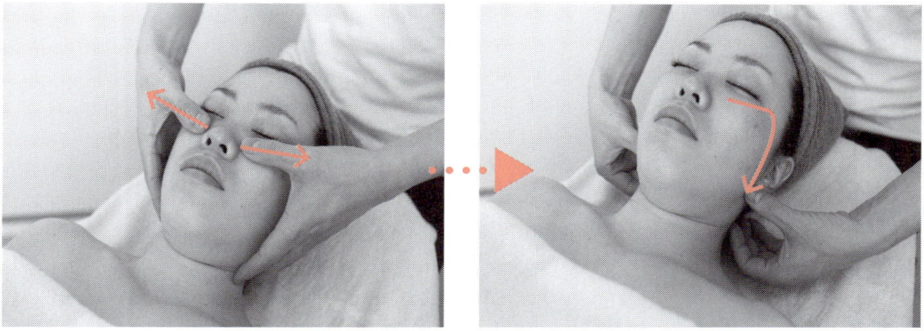

3 目の下をとおり、耳下腺まで軽擦（５回）。

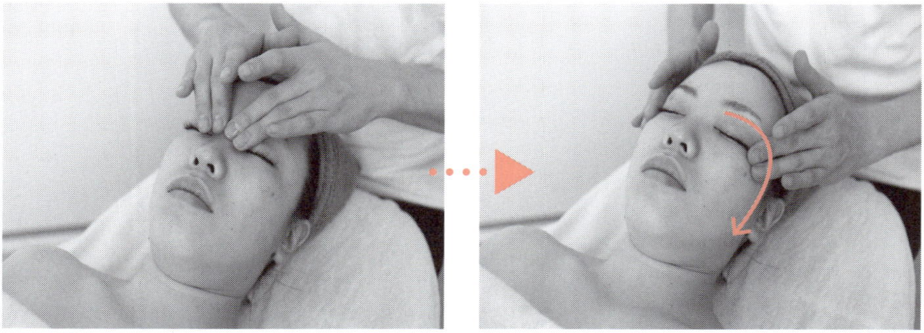

4 まぶたをとおり、耳下腺まで軽擦（５回）。

Treatment for Trouble Skin

シワの改善テクニック

シワは表情筋の衰えや、コラーゲンの変性、減少が原因とされています。マッサージによって表情筋を刺激し、ハリを与えます。また、血行を促進することで線維芽細胞を活性化させ、コラーゲンの生成を高める効果があります。

目尻のシワ

フェイスラインは最もリンパ、血流が滞りやすい部位です。むくみを放っておくとたるみが起こることがあります。

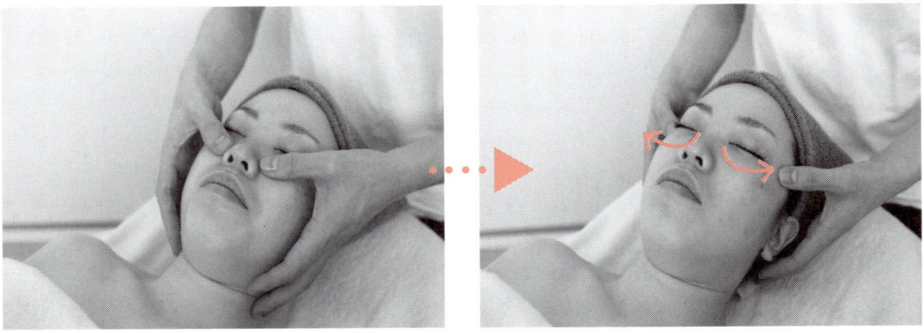

1 目の下の軽擦、親指で、こめかみまでおこなう（5回）。

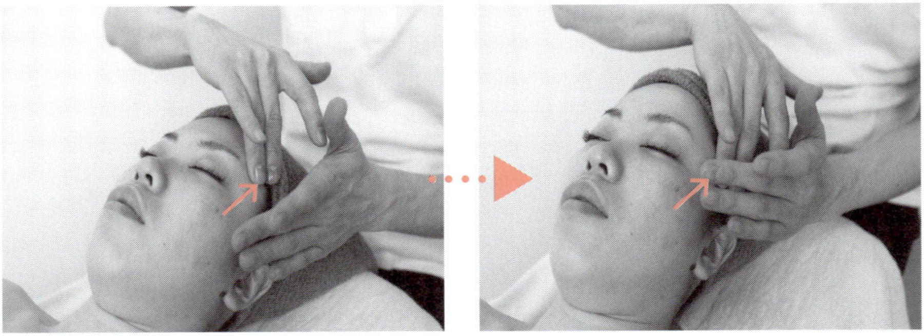

2 目尻を、中指・薬指の2指で左右交互にタテに引き上げて軽擦（10回）。
反対も同様におこなう。

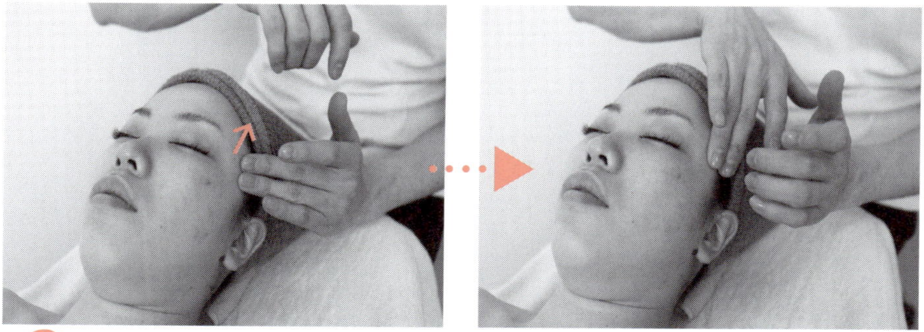

3 こめかみから、斜め上の生え際に向かって左右交互に軽擦引き上げ（10回）。
反対も同様におこなう。

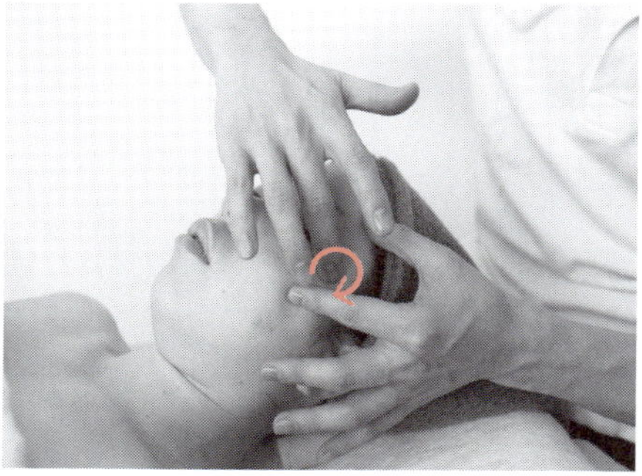

4 人差し指と親指で目尻をひらき、ハリを持たせて、反対側の中指で回旋軽擦。
（5回）反対も同様におこなう。

ほうれい線

肌の老化によってハリがなくなり、笑ったときにできるシワが元に戻りづらくなり、癖づくことによって起こる。さらに、頬のたるみもほうれい線の原因となる。筋肉に刺激を与え、ハリを持たせることと、線維芽細胞の活性が重要となる。

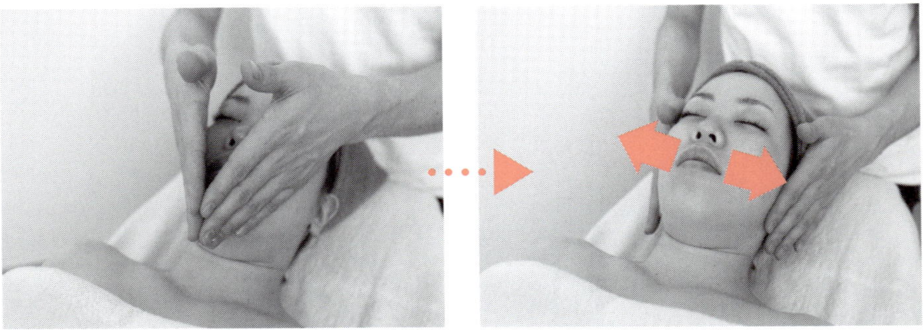

1 頬全体の引き上げ軽擦（5 回）。

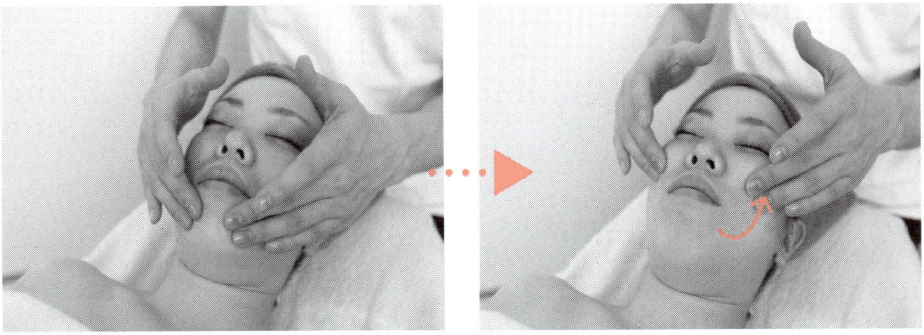

2 口角から、頬骨部までの引き上げ軽擦（10 回）。

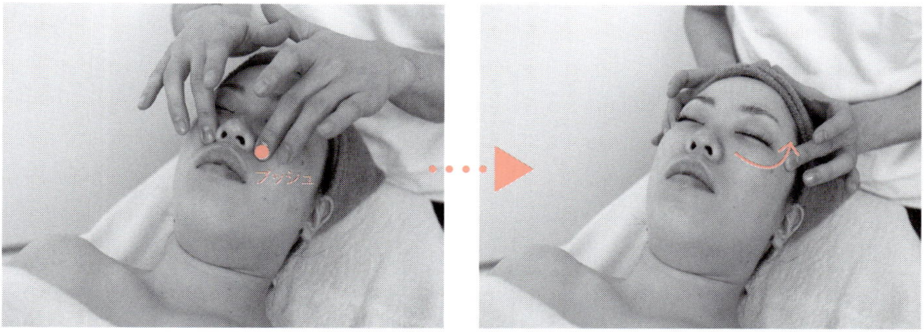

3 小鼻の横を中指でプッシュ。少し力を緩めながら頬骨の下を通ってこめかみまで引き上げる（5回）。

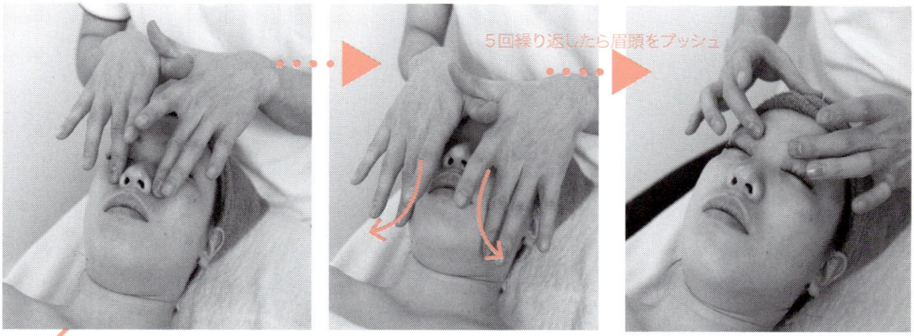

4 ほうれいラインを中指で往復軽擦。5回繰り返したら眉頭をプッシュ。（これを3セット）。

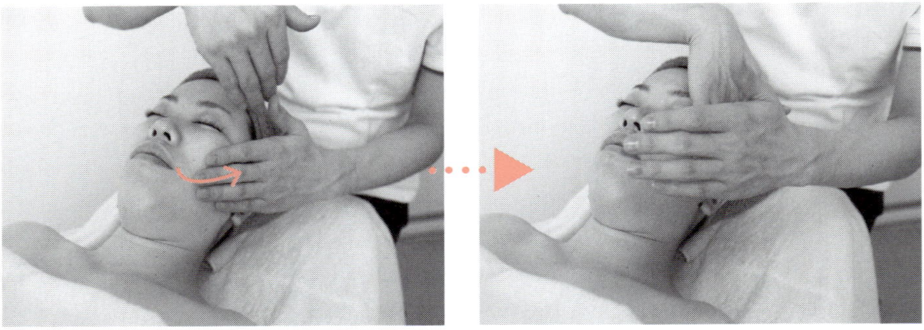

5 頬を左右交互に引き上げ軽擦（10回）。片側が終わったら、反対側をおこなう。

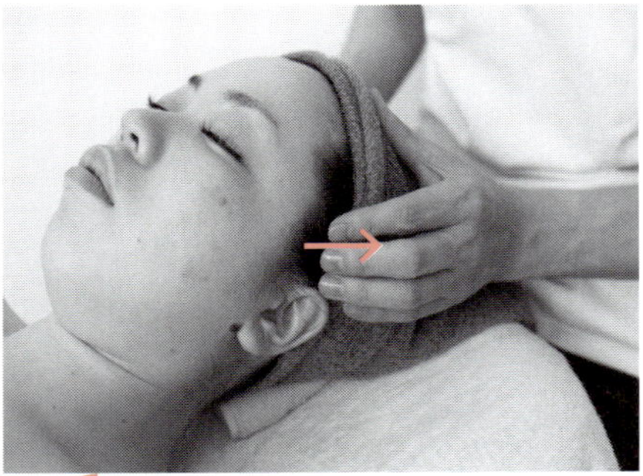

6 側頭部を引き上げる（10回）。

Point!

シワの改善はマッサージだけではなく、生活習慣も重要です。とくに、コラーゲン生成を促す成長ホルモンは睡眠中にたくさん分泌されます。マッサージケアはもちろんですが、生活習慣のアドバイスも大きなポイントになります。

額のシワ

額のシワは前頭筋の動きによって横に深く起こります。軽擦法、強擦法など、いろんなテクニックを使いほぐしていきます。前頭筋に刺激を与えることで、顔全体にハリを与えることもできます。

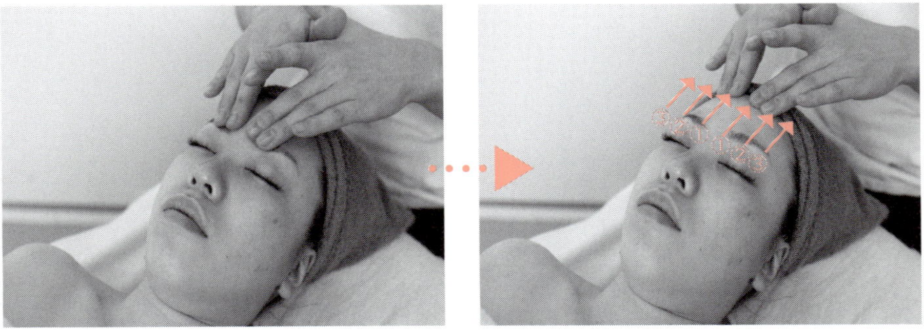

1 左右の中指、薬指２指で額３ヶ所を引き上げ強擦（２セット）。

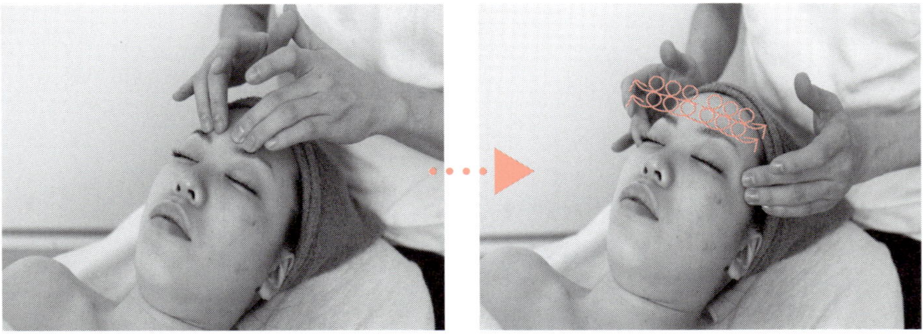

2 額２ラインを中指、薬指２指で内回りで回旋揉捏（１ライン２回）。

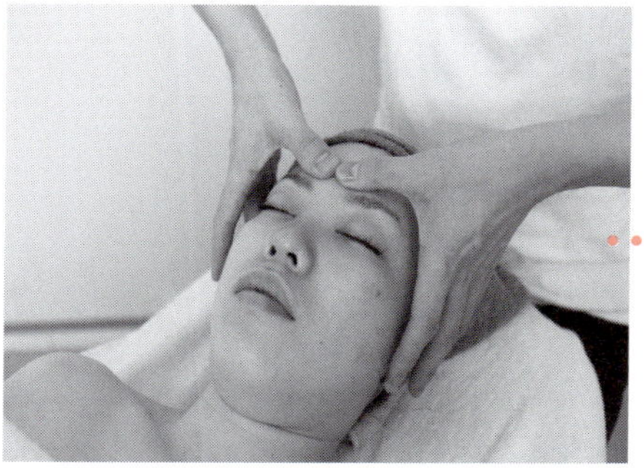

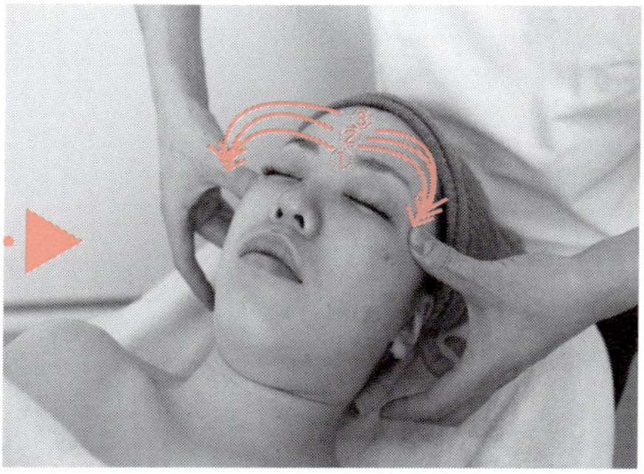

3 親指で額中央から左右に開き、こめかみまでおこない、そのまま圧を掛けながら、引き上げるように生え際に抜ける。横に3ラインおこなう。(2セット)。

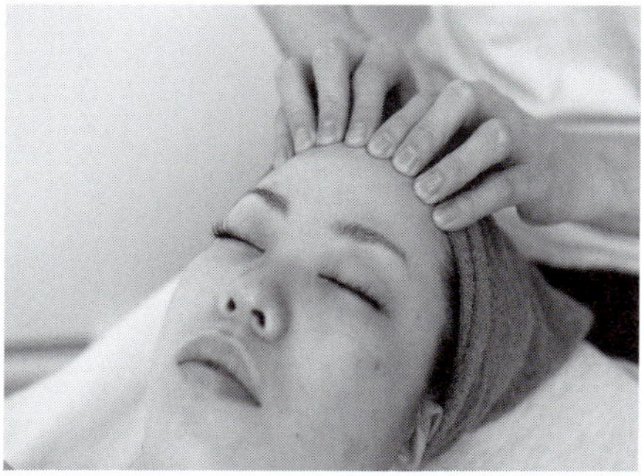

4 左右4指で額生え際を押さえ、引き上げる(10回)。

眉間のシワ

顔の表情によって癖のついた眉間のシワに関係する皺眉筋、鼻根筋をいろんな方向にストレッチや軽擦法によってほぐし、リラックスを与える。

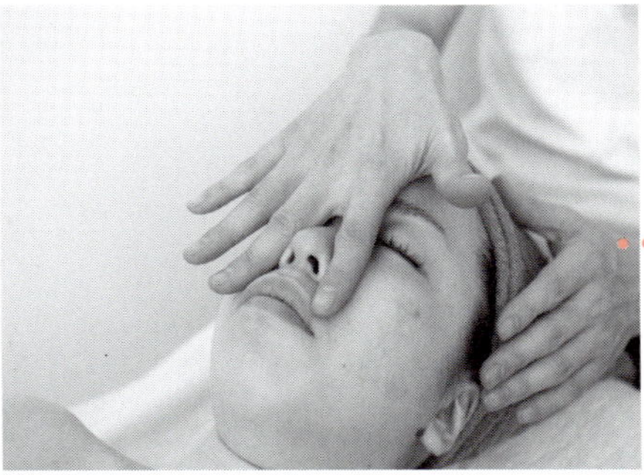

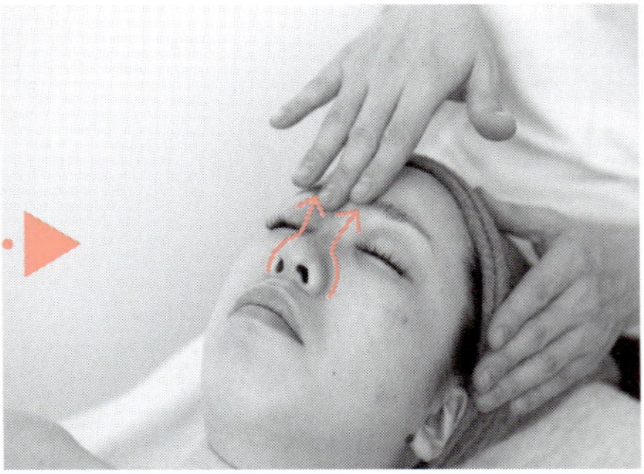

1 鼻筋を左右交互に引き上げ軽擦（10回）。

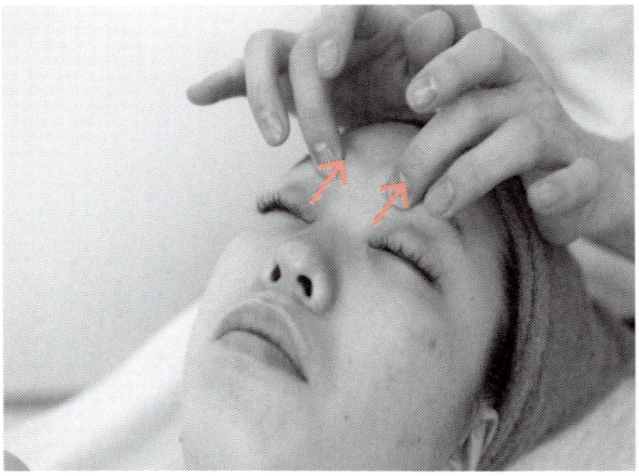

2 眉間のストレッチ、眉頭を押さえ真上に引き上げる（10回）

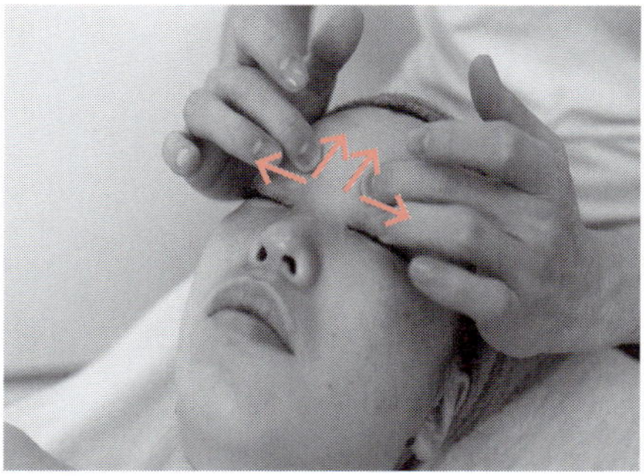

3 眉間のストレッチ。上に 10 回。
真横に 10 回引く。

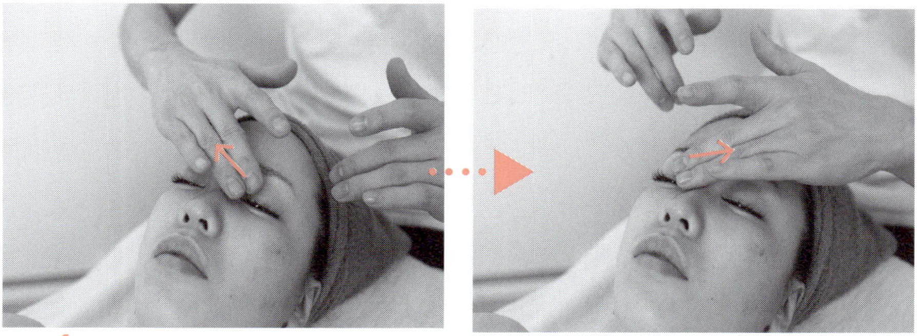

4 左右交互に眉間を軽擦。眉間をクロスするように斜めに引き上げる（10 回）

Treatment for Trouble Skin

毛穴の引き締めテクニック

頬の毛穴の開きは、真皮のコラーゲン、エラスチンが、老化によって肌がたるみ、毛穴が細長く変形してしまうことによっておこります。血行を促進し、真皮の線維芽細胞を活性させ、表情筋を刺激し、筋にハリを与えて全体を引き上げることが重要です。

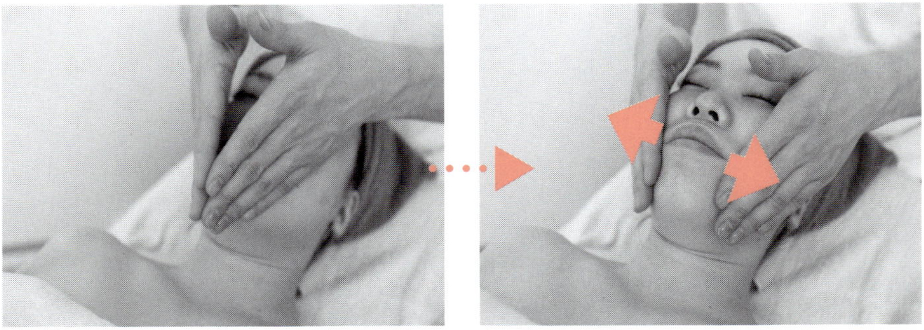

1 手の平全体（主に４指）で、頬全体を引き上げるように軽擦（３回）。

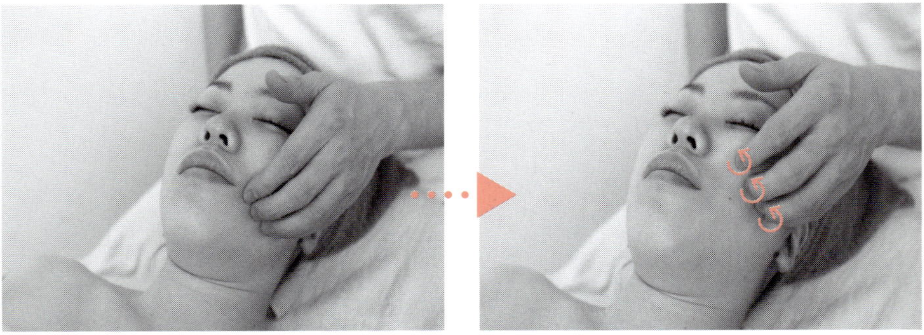

2 頬全体を４指又は３指の指先を使って、ほぐす。

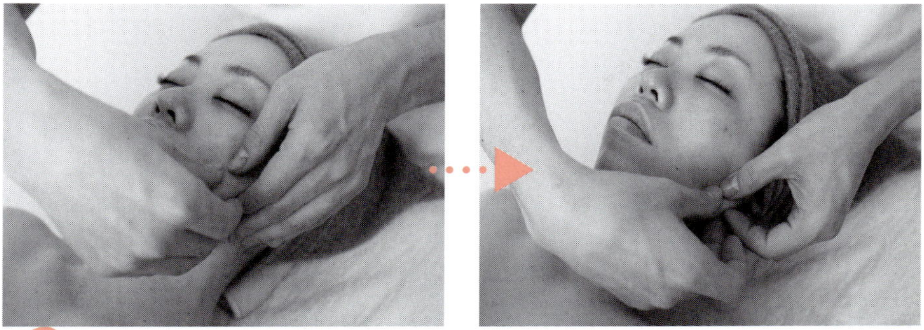

3 ４指と親指を使って、頬全体の脂肪を内側から外側に向かってほぐしながら流す。

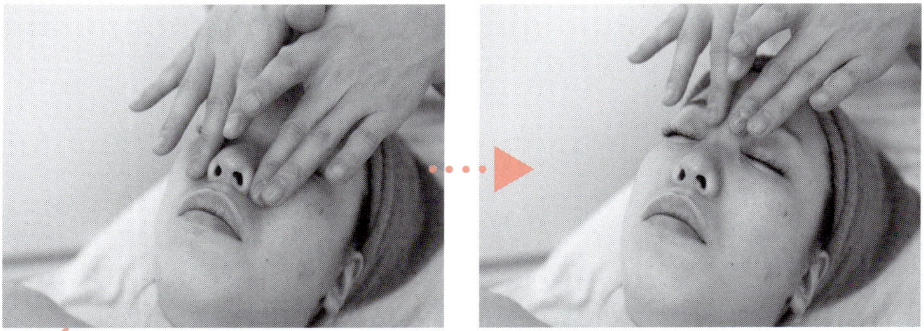

4 鼻筋の軽擦（10 回）。

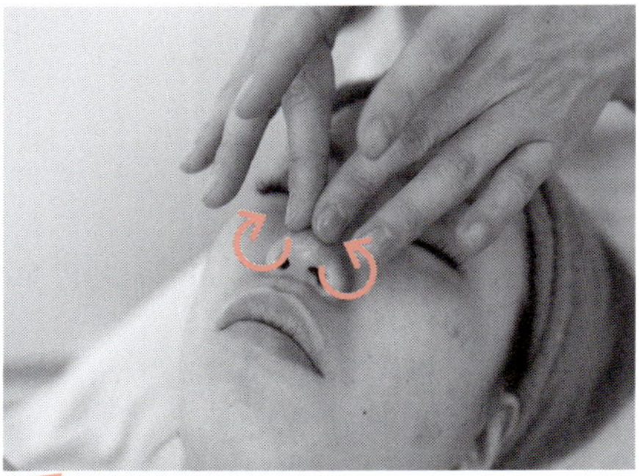

5 中指で小鼻の回旋軽擦（10 回）。

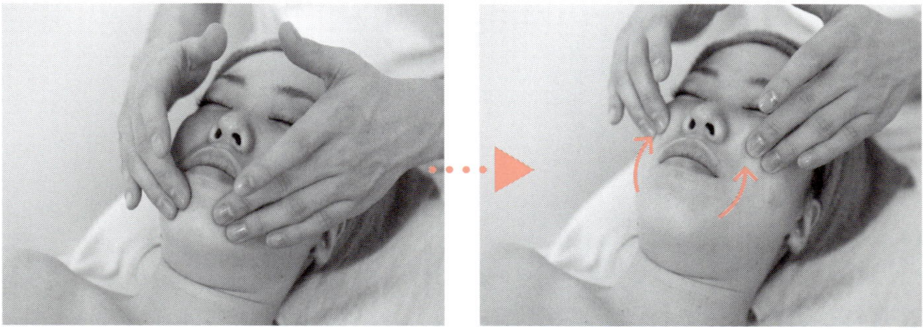

7 中指、薬指２指で頬の引き上げ（10 回）。

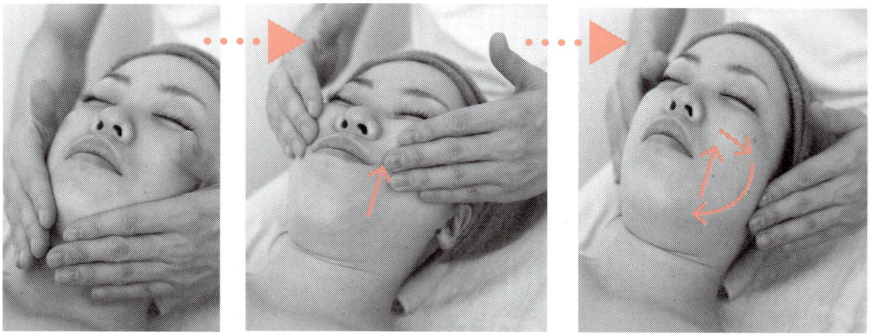

8 両手を逆ハの字型にし、口角を真上に引き上げ、頬骨部まで上がり、人差し指一本で耳元に抜け、そのまま、顎先まで、楕円を描くようにおこない、はじめの逆ハの字型に戻る

毛穴のトラブルについて

詰まり毛穴とたるみ毛穴について

毛穴の黒ずみ、毛穴の開きなど、毛穴のトラブルはいくつかに分けることができます。毛穴のトラブルはタイプ別にケアをすることが必要です。

●毛穴が詰まるもの（詰まり毛穴）

【原因】

皮脂と角質が混ざり合って角栓が目立つようになります。皮脂分泌の多い額、鼻に多いのが特徴です。

【改善方法】

毛穴から分泌される皮脂量を抑えること古い角質を除去することが重要です。毎日のスキンケアで丁寧な洗顔を心がけましょう。洗顔料はさっぱりタイプを選びましょう。AHA 配合のコスメや酵素洗顔などを使用し、古い角質を取り除きましょう。毛穴パックなどは刺激が強いものが多いので、使用方法をしっかり守ることが大切です。皮脂の分泌を抑制する作用のあるビタミン C 誘導体配合の化粧品の使用も効果的です。

●たるみによるもの（たるみ毛穴）

【原因】

真皮のコラーゲンやエラスチンが老化によって弾力を失って肌がたるみ、毛穴が細長く変形してしまいます。主に頬に多く見られます。たるんだ毛穴がつながって細かいシワになり、さらにほうれい線になる場合もあります。

【改善方法】

たるみによる毛穴は予防が大切です。真皮のコラーゲンを増やす作用のあるピーリングを行う。またレチノールが配合されている化粧品を使うことも効果的です。

アットエステの調査でわかった女性の願望の秘密

日本最大のエステポータルサイト「アットエステ」の調査では、「小顔」というキーワードが、一番に検索されています。フェイシャルにおける小顔のニーズがいかにあるかが、分かるでしょう。

癒しだけを提供するフェイシャルも重要ですが、お客様にリピートしていただき、新規客を獲得するためには、こうしたニーズをいち早く捉え、提供できるかどうかが鍵になり、サロンの売上げも左右されます。

このアットエステのアンケート調査によると、小顔に興味を持つ女性は93%以上もいるそうです。では、小顔とはいったいどのようなものなのでしょうか？　アンケート結果によると、回答した女性の約45%の人が「フェイスラインのたるみ」が気になるといいます。つづいて「むくみ」「目元のはれぼったさ」と続きます。つまり小顔とは、これらの悩みを解決することなのです。以上のように、世の中の高いニーズを察知し、悩みを解消するテクニックを習得することが、今後のサロン繁栄の鍵を握るのです。

Chapter 6

小野浩二流オプションテクニック

ここで紹介するテクニックは一般的なフェイシャルのクレンジングを行って、オイルや、クリームを使って行うものとは違い、メイクをしたまま出来るフェイシャルです。短時間で、手軽に行えるテクニックです。また、デコルテやヘッドマッサージのテクニックも紹介します。

Option Tecnique

メイクをしたままできる リフトアップフェイシャル

一般的なフェイシャルとは違い、メイクをしたまま出来ます。すべてのテクニックで注意をしなければならないのは、皮膚に摩擦を与えることです。摩擦を与えることで、メイクが落ちてしまいます。また指先でのテクニックが多いので、爪のお手入れをしっかりとおこないましょう。

◆フェイスラインのたるみ

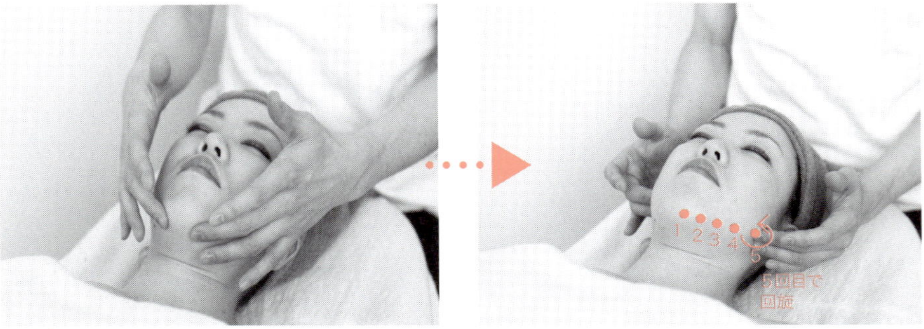

1 顎裏２指で４箇所プッシュ、５箇所目耳下腺を回旋刺激（これを２セット）。

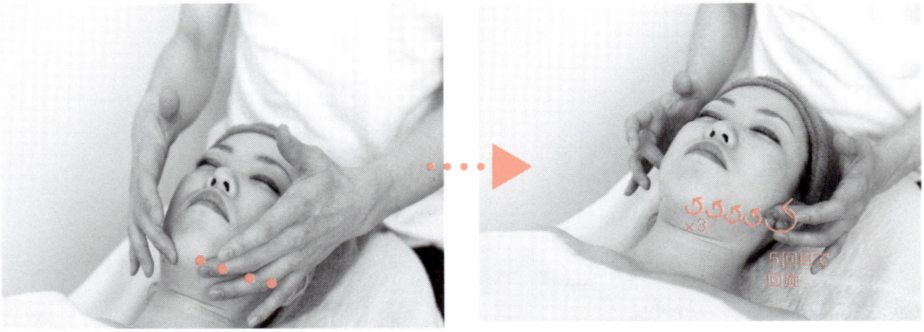

2 顎裏２指で４箇所を各３回回旋刺激、５箇所目耳下腺を回旋刺激 ×2 セット。

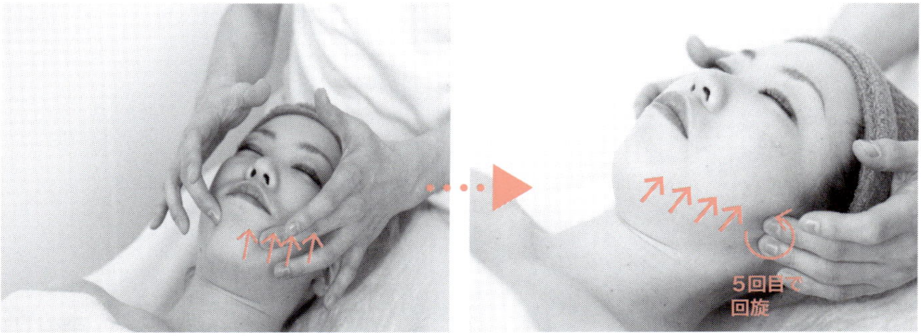

3 フェイスライン４箇所を縦にプッシュしながら引き上げ５箇所目耳下腺を回旋 ×2 セット

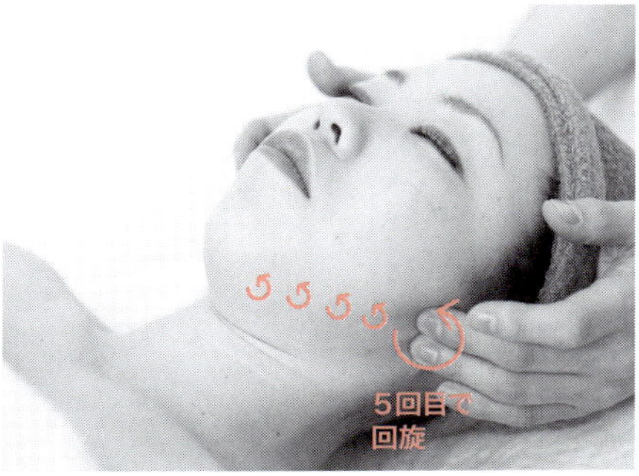

4 フェイスライン４箇所を各３回回旋刺激、５箇所目耳下腺を回旋刺激 ×2 セット。

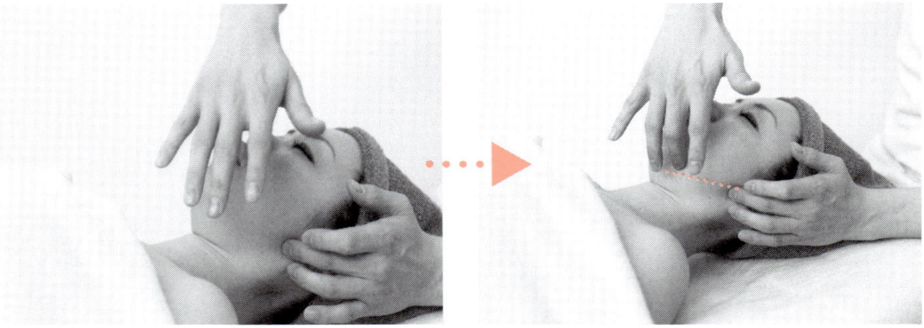

5 耳下腺部を中指で引っ張るように支え、支え位置に向かって中指で打法×2セット
（顔片側が終わったら反対側をおこなう）。

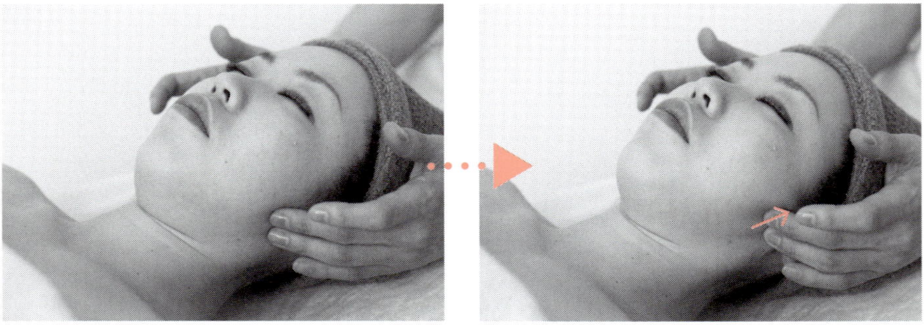

6 耳下腺部を2指でゆっくり引き上げる（6回）。

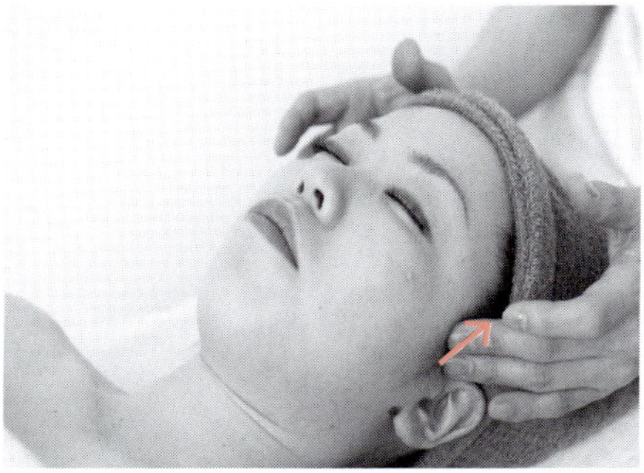

7 前耳介筋部（耳の横）を２指でゆっくり引き上げる（6回）。

◆頬のリフトアップ

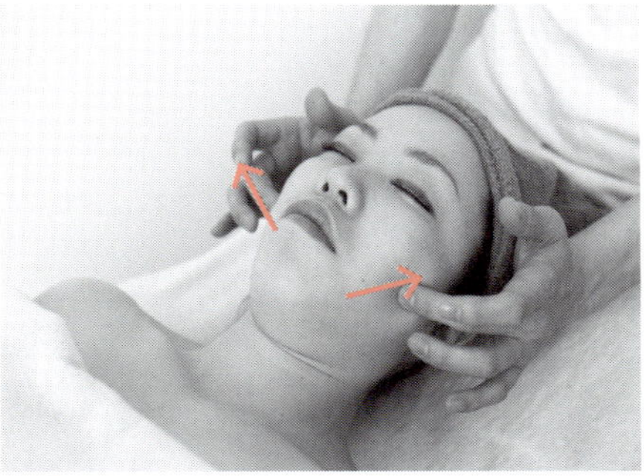

1 咬筋部を中指で
ゆっくり斜めに引き上げる（6回）。

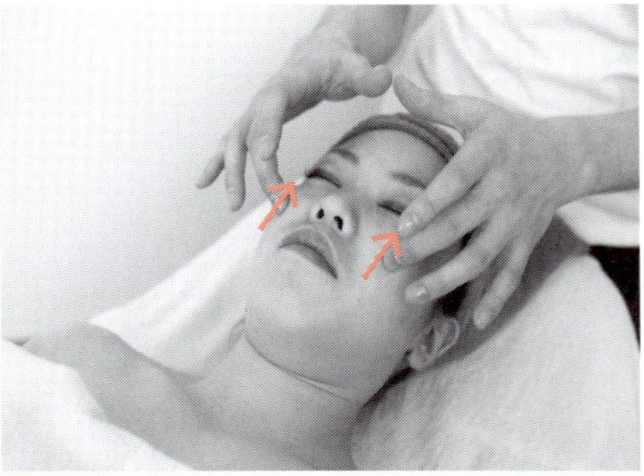

2 頬骨筋部を中指で
ゆっくり引き上げる（6回）。

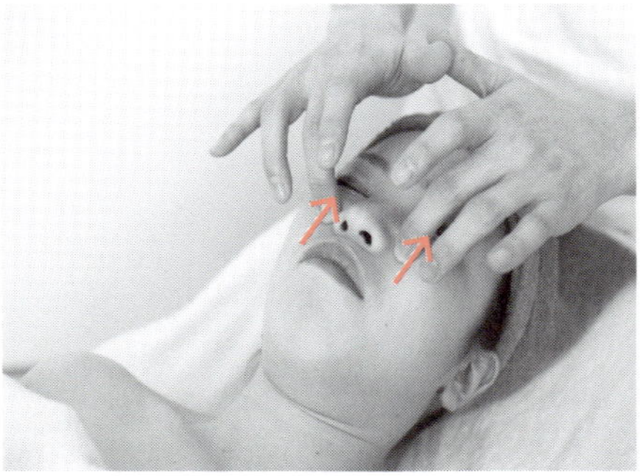

3 小鼻の横を中指で
ゆっくり引き上げる（6回）。

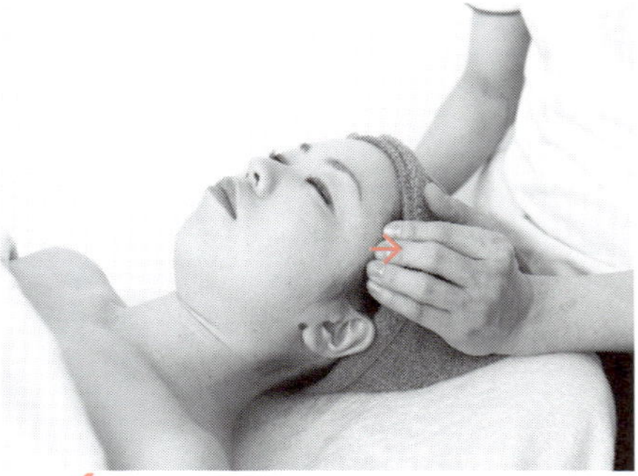

4 目尻の延長線上の生え際を3指でゆっくり
斜め上に引き上げる（6回）。

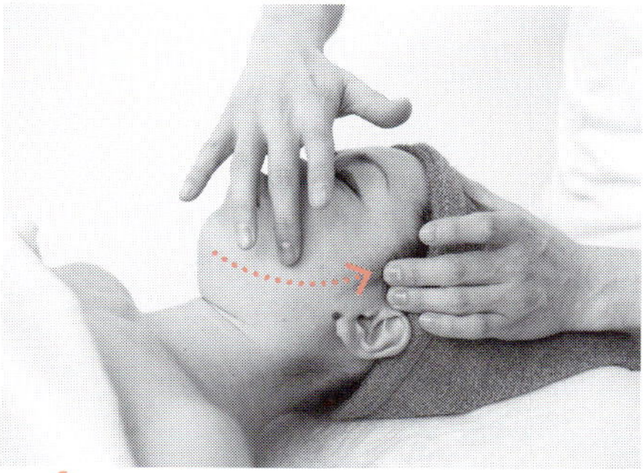

4 前耳介筋部を引っ張るように支え、
中指で支え位置に向かって打法（6回）。

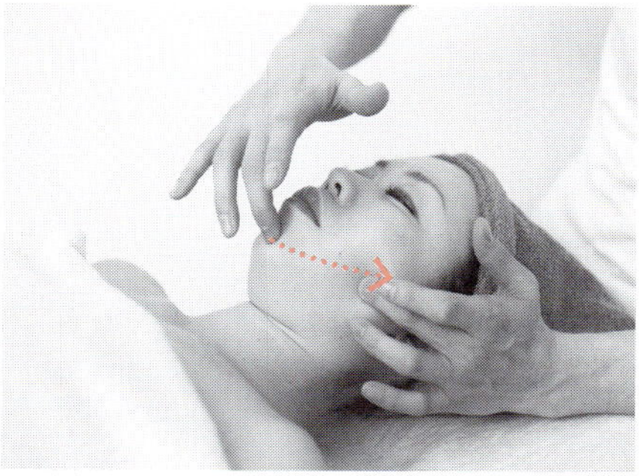

5 咬筋部を斜めに引っ張るように支え、
中指で支え位置に向かって打法 × 2セット

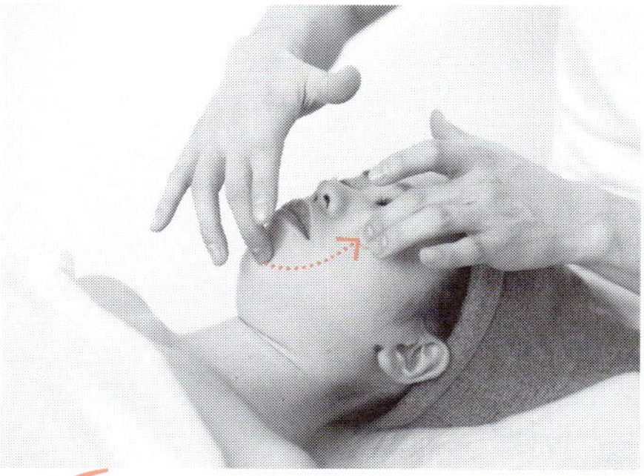

6 頬骨筋部を引っ張るように支え、中指で支え位置に向かって打法 × 2セット

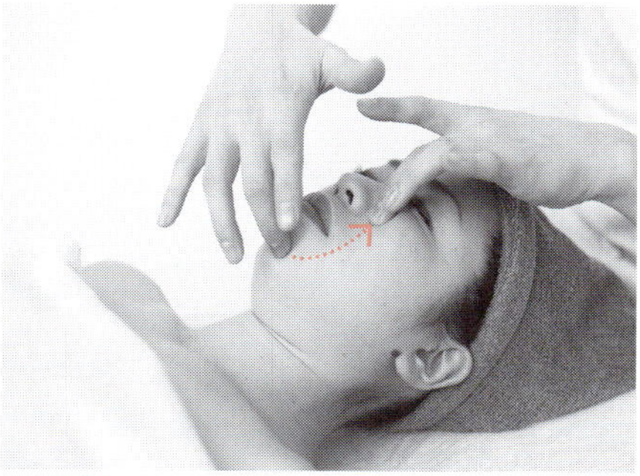

7 小鼻の横を引っ張るように支え、中指で支え位置に向かって打法 × 2セット。

◆目元のリフトアップ

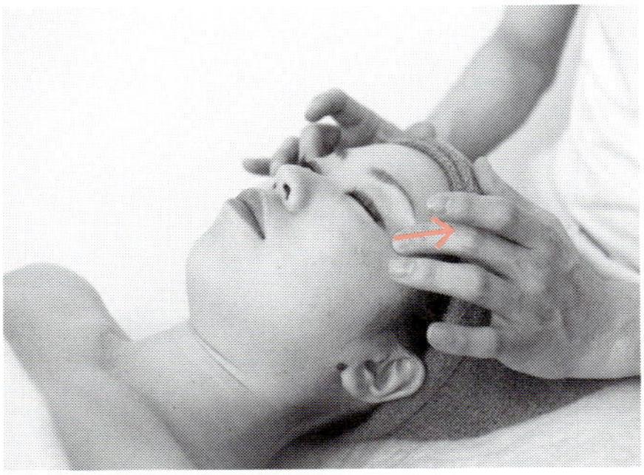

1 目尻を斜め上に引き上げる（6回）。

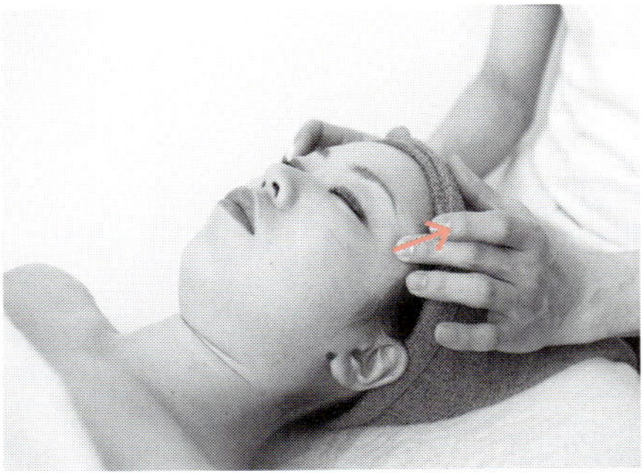

2 こめかみを斜め上に引き上げる（6回）。

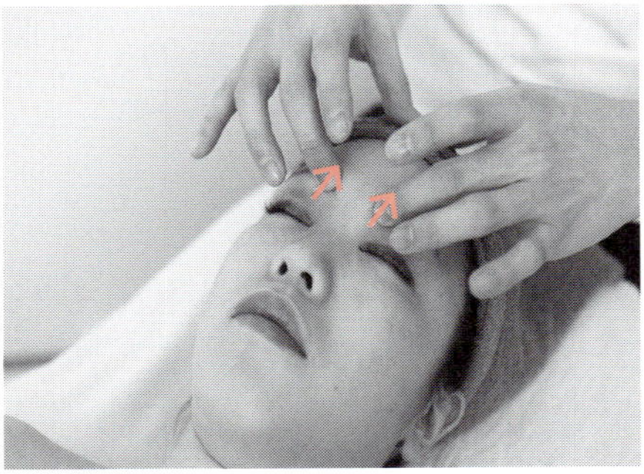

3 目頭の引き上げ6カウント。

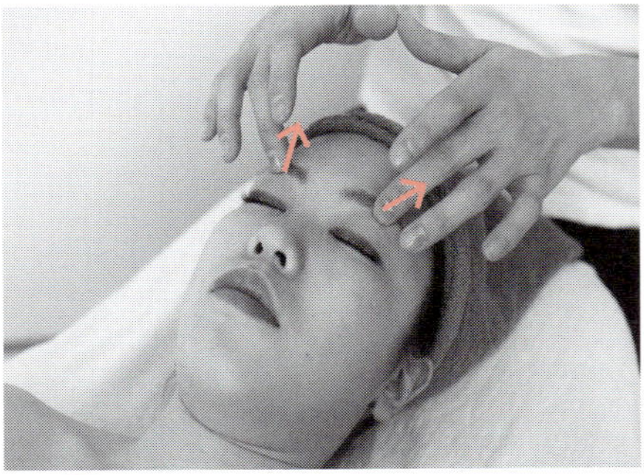

5 黒目上の眼骨部の引き上げ6カウント。

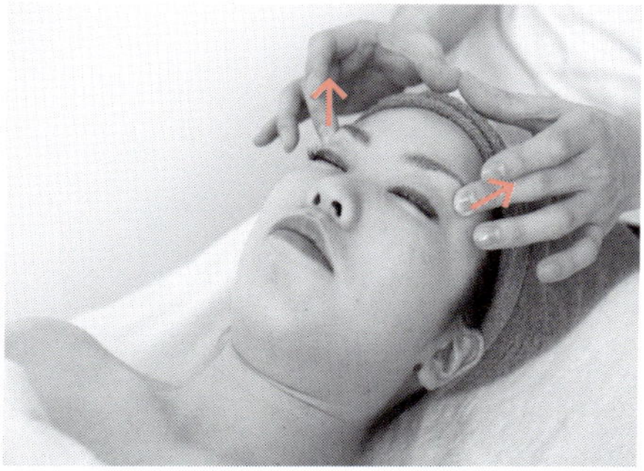

6 目尻上の眼骨部を斜め上に引き上げ 6 カウント。

目元のリフトアップまとめ

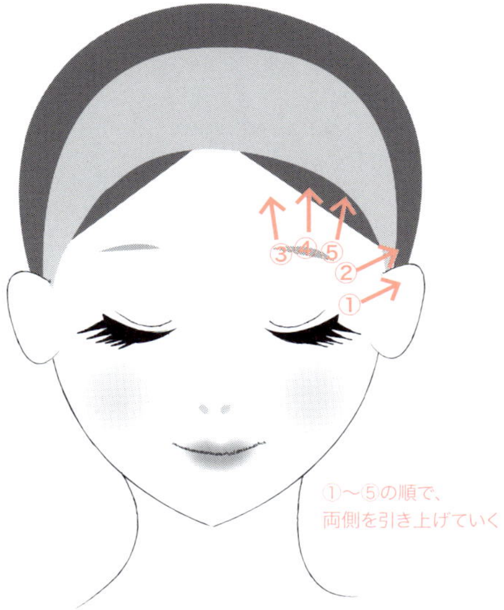

オプションテクニック

Option Tecnique

デコルテ＆肩のテクニック

女性はデコルテ（胸元）の開いた洋服を着る機会が多いこともあり、女性にとって重要な部位といえます。また、デコルテは鎖骨下リンパ節など全身や顔や頭部のリンパ液が集合する部分でもあるので、しっかりとケアをおこないましょう。

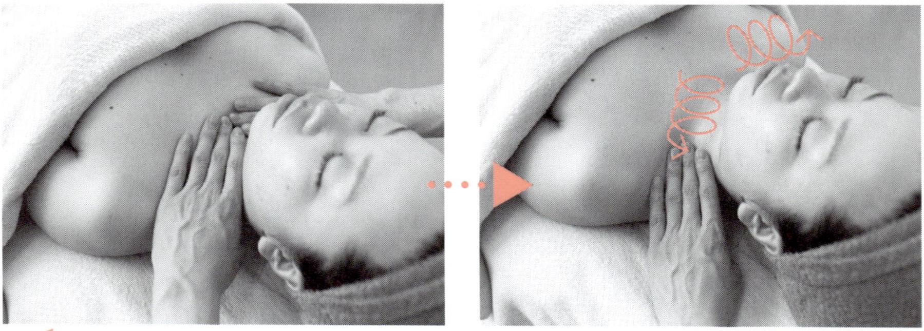

1 首の軽擦。手の平（主に４指）を密着させ、外回りで、回旋軽擦。（6 回）

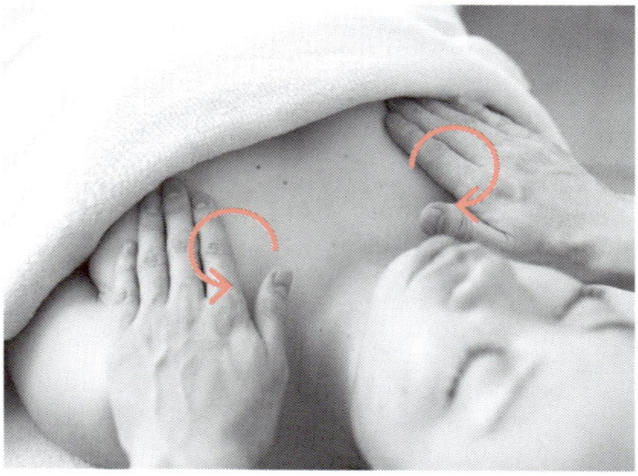

2 大胸筋の回旋刺激。手の平（主に４指）を密着させ、大胸筋を圧迫するように外回りで、回旋しながら刺激。（6 回）

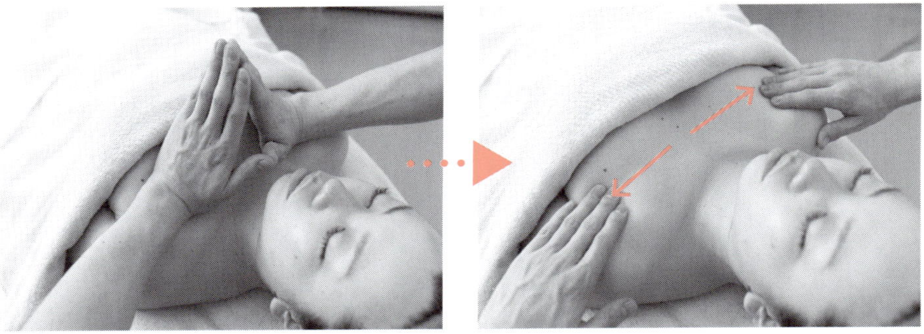

3 大胸筋を中央から外側に向かって、手頭で圧迫しながら、開くように刺激（3回）。

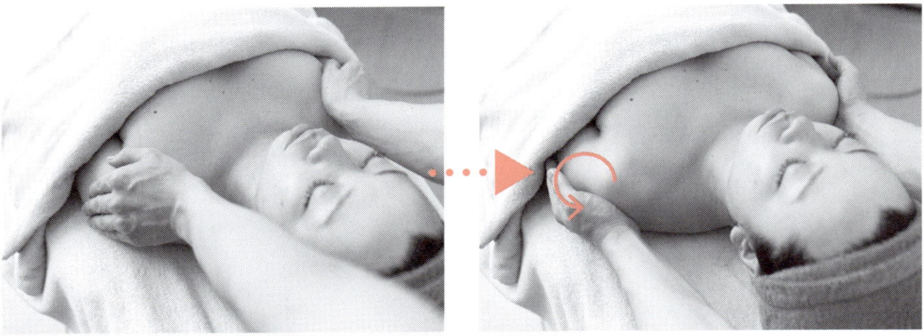

4 手の平全体を密着させながら、肩を包むように刺激（6回）。

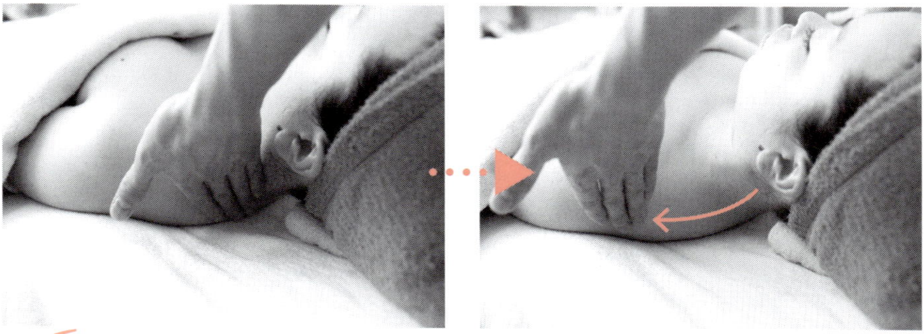

6 高頭骨付近の髪の生え際から、僧房筋全体を４指を使って、首筋のラインから僧房筋全体を強擦しながら往復（6回）。

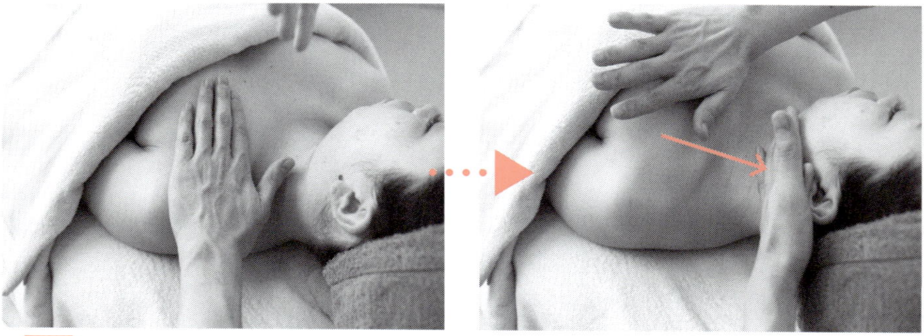

7 頭を右に傾け、左右の手で交互に胸鎖乳突筋を優しく軽擦（10回）。
片方が終わったら反対側もおこなう。

Point!

■鎖骨部分に圧を掛けすぎたり、多くおこないい過ぎると痛みが生じるので気を付けること。
■腋に触れるとくすぐったい場合が多いので触れないように注意すること。
■首を行う場合に圧を掛けすぎると、喉仏に痛みを生じる場合がある。場合によってはむせることもあるので注意すること。
■首の後ろ、僧房筋のあたりのマッサージを行うとき、襟足の毛を引っ張らないように注意すること。

Option Tecnique

ヘッドのテクニック

頭部の筋は顔の筋と連動しており、頭部の筋の刺激によって、顔の筋肉を引き上げることが出来ます。また、ヘッドのテクニックは癒し目的で行うことが多くあります。刺激の強弱をしっかりおこなうよう心がけましょう。また、ヘッドのテクニックでは、お客様の毛髪を引っ張ってしまうとリラグゼーション効果が半減してしまうので、細心の注意を払いましょう。

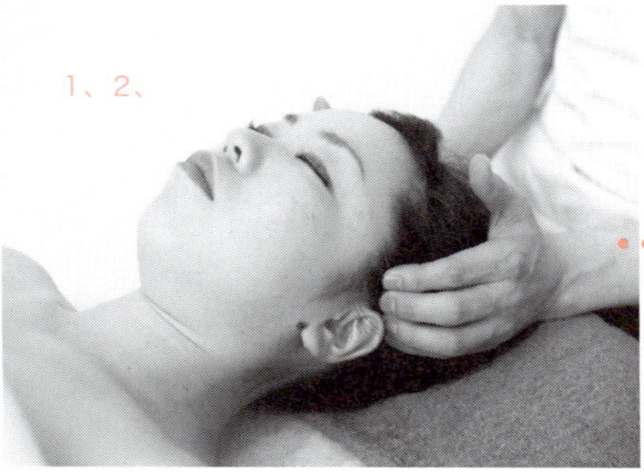

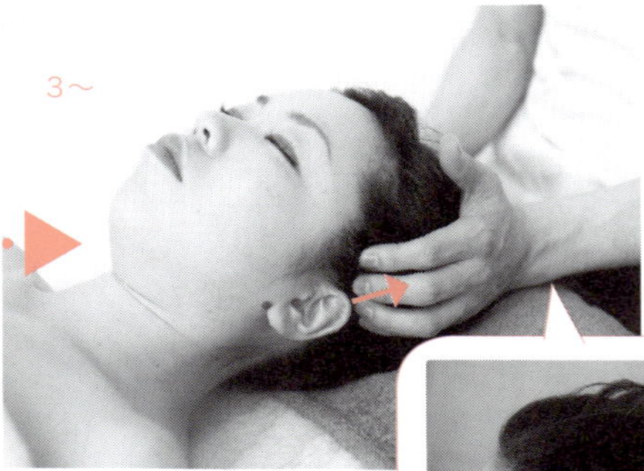

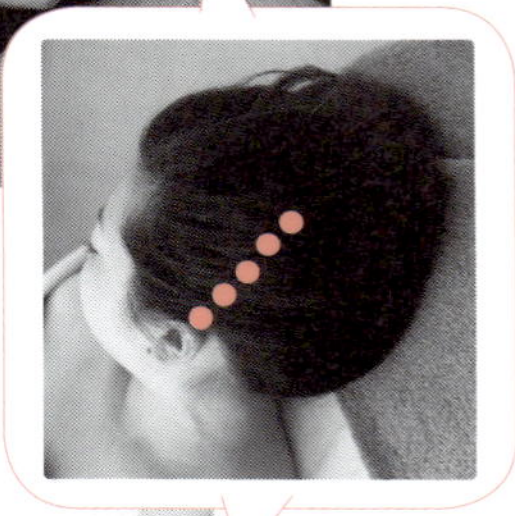

1 側頭筋を耳の上部から頭頂部に向かって5箇所程度を各箇所1、2、3～のリズムで引き上げる。

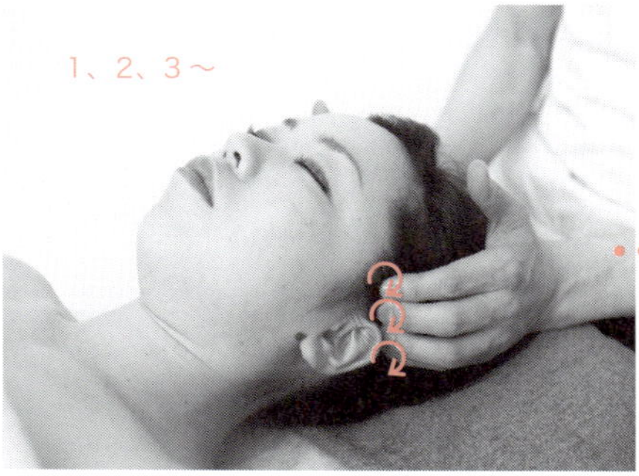

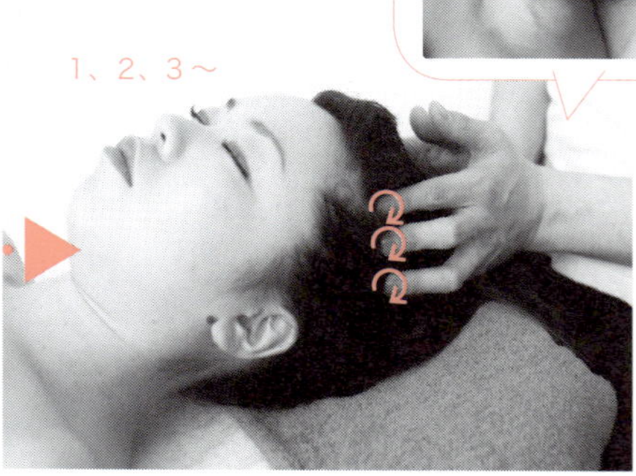

2 写真1と同じ部位を1、2、3～のリズムで、回旋刺激。3～の時に頭頂部に向かって引き上げる。

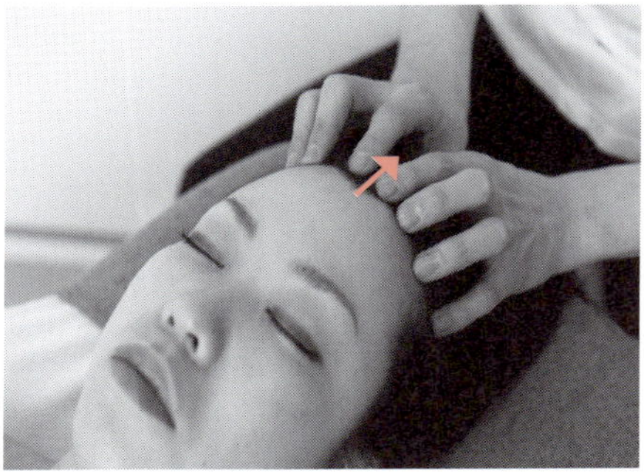

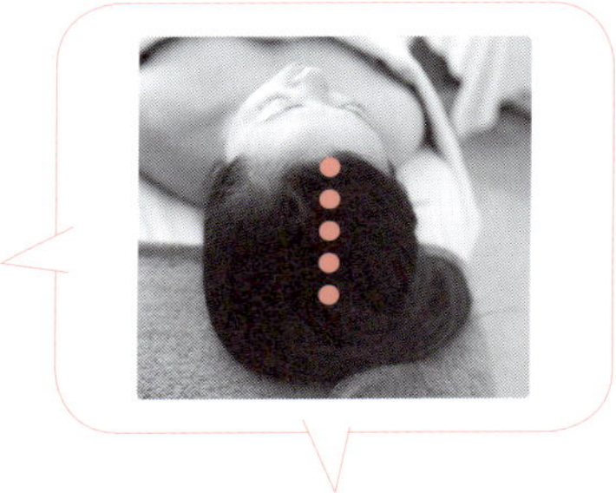

3
額生え際から頭頂部に向かって、5箇所程度を各箇所1、2、3〜のリズムで引き上げる。

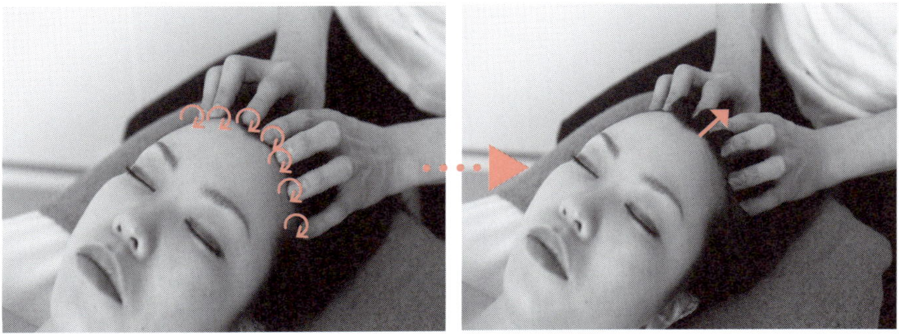

4
写真3と同じ部位を1、2、3〜のリズムで、回旋刺激。
3〜の時に頭頂部に向かって引き上げる

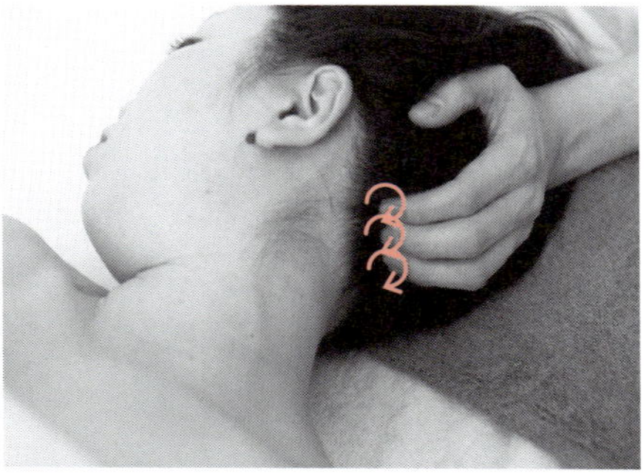

5 頭を右に傾け、４指で後頭骨付け根をゆっくり回旋刺激（10回）。

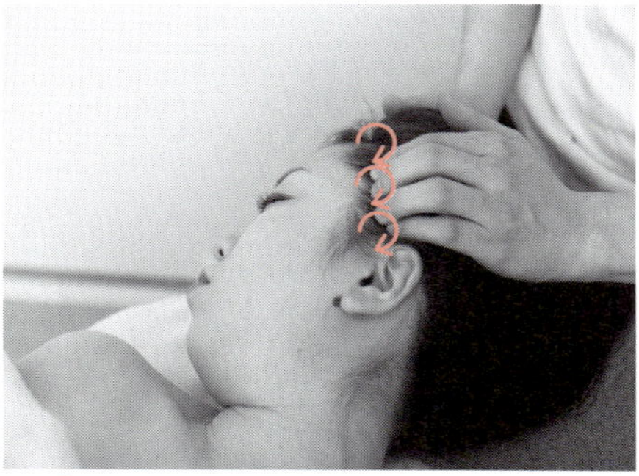

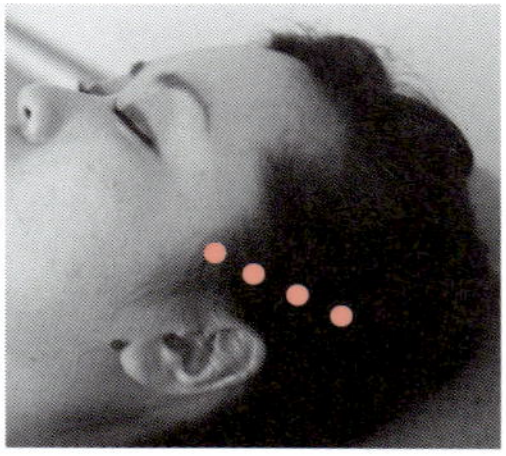

6 頭を傾けたまま、４指で側頭筋を目じりの斜め上延長線上生え際から後頭部に向かって
４箇所程度回旋刺激。一箇所５回。

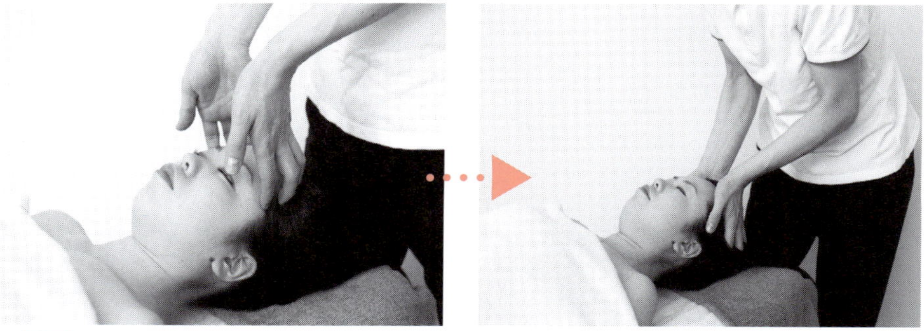

7 額生え際から頭頂部に向かって、左右４指を使い、頭皮をスライドさせるように刺激。

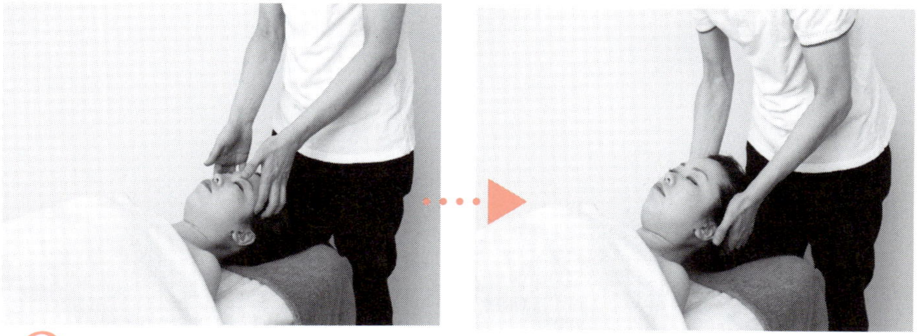

8 目じりの斜め上延長線上生え際から後頭部に向かって、左右４指を使い、頭皮をスライドさせるように刺激。

Special Case Study

フェイスラインのたるみが気になるAさんのケース

最近ストレスから、食事の量が多くなり、体重が少し増え、それと同時にフェイスラインのたるみが気になってきたAさん。フェイスラインのたるみは、脂肪の蓄積と老廃物の蓄積が大きな原因です。そして、表情筋が老化と共にたれ下がり、増えた脂肪によって皮膚を支えきれなくなりたるんでしまったAさんのためのケアを紹介します。

◆ステップ1　たるみに対するベーシックテクニック

基本となるフェイスラインの軽擦法によって、リラックスと代謝促進をおこなうテクニックを施します。

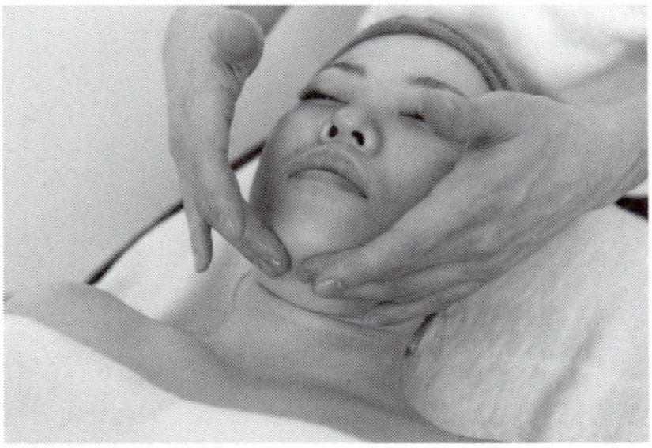

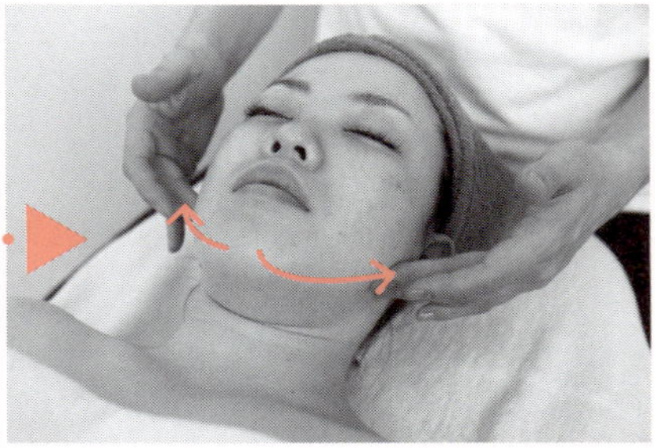

1 中指、薬指の2指で顎裏を刺激し、顎先から耳下腺に向かって軽擦する。

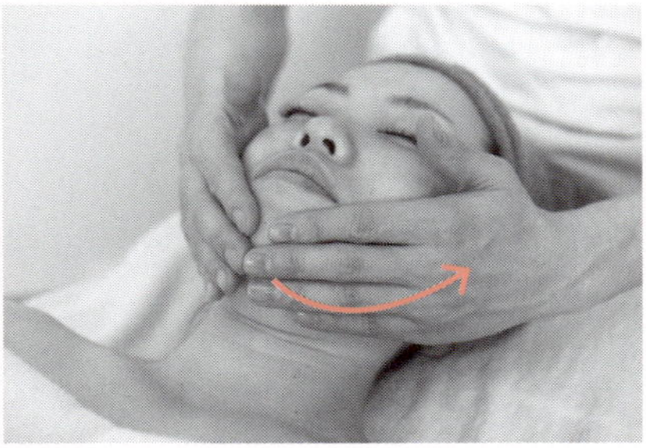

2 両手全体で顎を包むように密着させ、
フェイスラインを顎先から耳下腺に向かって軽擦する。

◆ステップ２　Ａさんの場合、こんなテクニックが効果的！

フェイスラインのたるみの原因を取り除くために、老廃物を排泄し、脂肪の代謝促進を促します。そのため、血流を促すテクニックが必要になります。また、同時に頬からフェイスラインに掛けて衰えてしまった表情筋に刺激を与えることで、ハリを与えます。

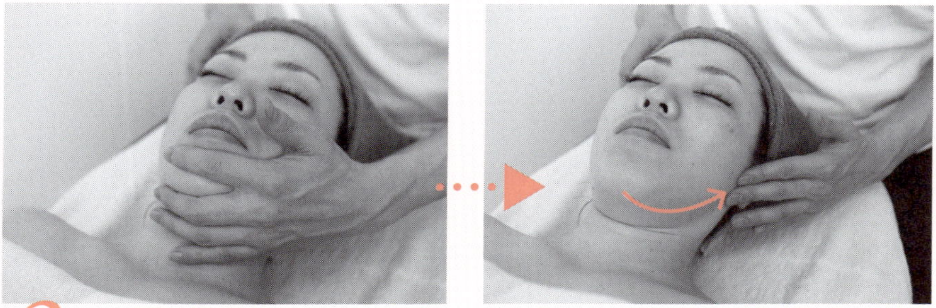

3　中指、薬指の２指でフェイスライン挟み、
顎先から耳下腺に向かって引き上げるように軽擦する。

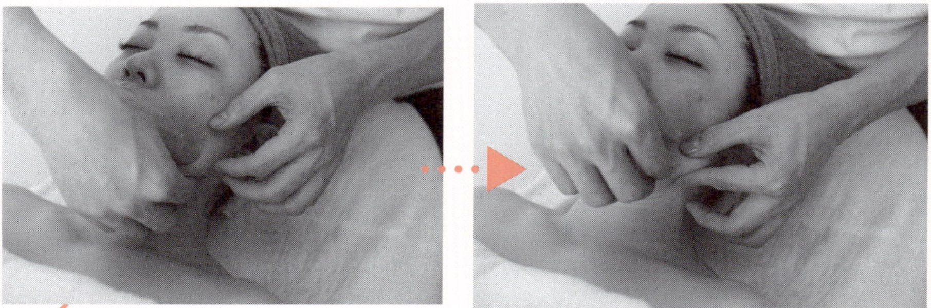

4　フェイスラインの脂肪を親指、人差し指でつまむようにおこなう。最初は浅めにつまみ、徐々に深くまでつまむ。左右両手で片側をおこない、終わったら反対側もおこなう。

◆フェイスラインのたるみ

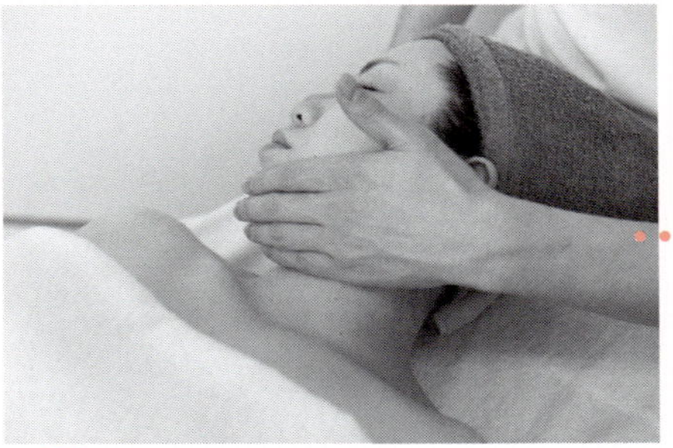

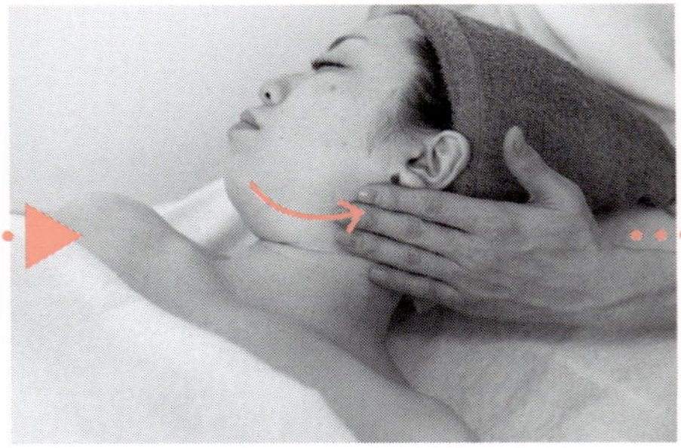

3 顔を横に傾け、顎先から耳下腺までのフェイスラインを軽擦し、耳下腺から、鎖骨に向かって軽擦する。

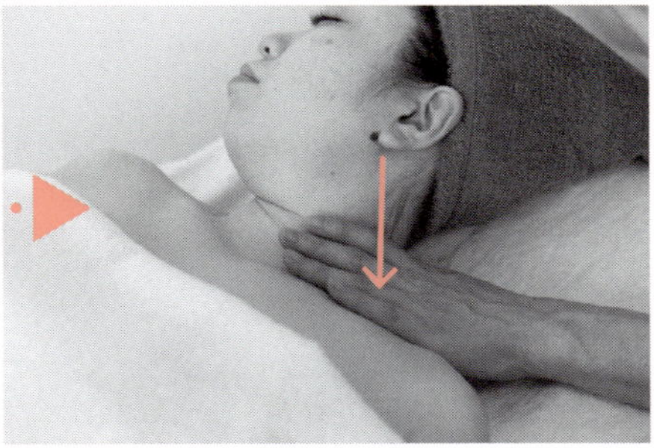

目のむくみが気になる Bさんのケース

最近、朝になると目がむくむようになった。また目の疲れがひどくなり、なんとなくまぶたが垂れ下がってきたように思い、改善方法を求め来店したBさん。目のむくみは血行不良やリンパの滞りが大きな原因であるため、この2つを改善する施術が効果的です。また、疲れ目の改善は目の周りの筋肉をほぐすことで解消できます。

◆ステップ1　むくみに対するベーシックテクニック

基本となる目の周りの軽擦法をおこなう。リラクゼーションと血行促進効果。

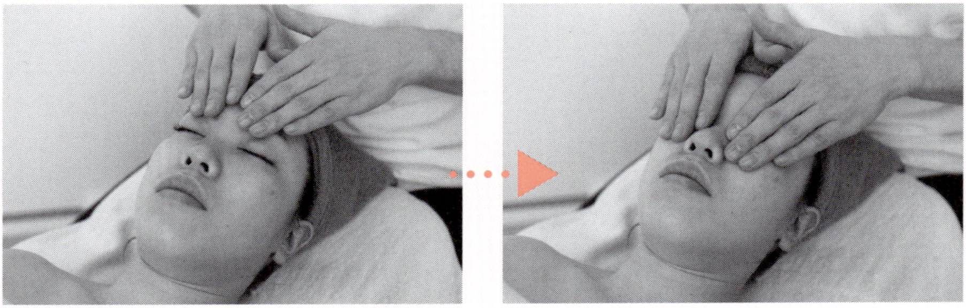

1 瞼の上を主に4指を使い、優しく、外回りに、回旋する。

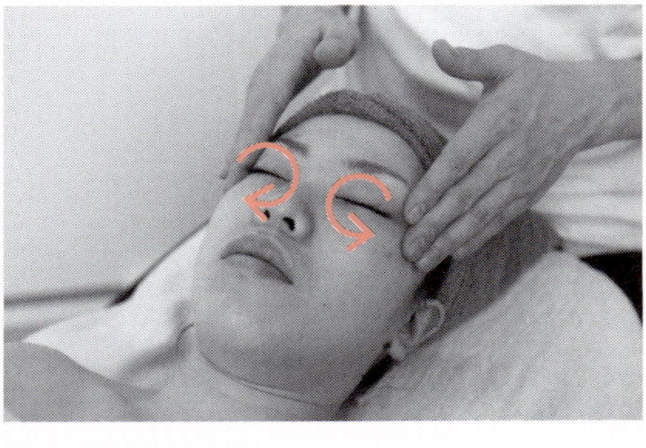

◆ステップ２　Ｂさんの場合、こんなテクニックが効果的！

目の疲れを癒すテクニックをおこない、目の周りにある筋肉を刺激してハリを与え、老廃物の排泄を促すテクニックをおこなうと効果的。

◆目元のテクニック

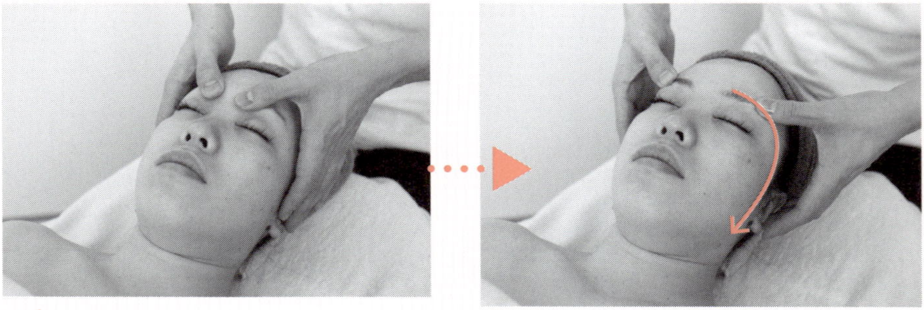

1 親指で眉頭を引き上げ、眉毛に沿ってサイドに流し、こめかみを通って、耳下腺まで刺激する。

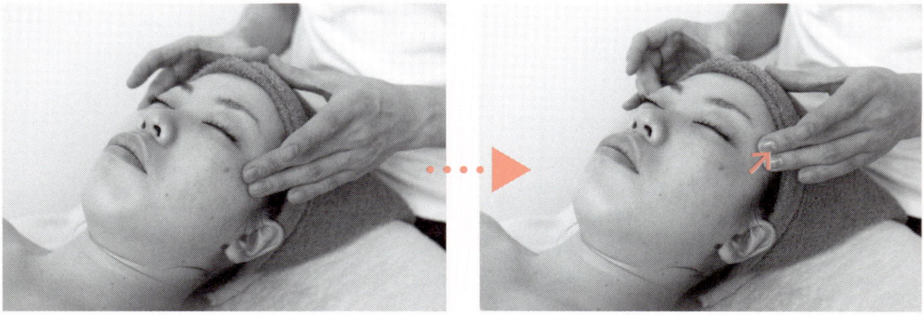

2 中指、薬指の２指で、こめかみの上下 2cm 程度を引き上げる。

おわりに

私は大手エステティックサロン勤務時代、お客様にコースや商品を勧めたり、売上を上げたりすることには関わりたくないと思って仕事をしていました。ただただ「エステティックのテクニックだけは誰にも負けたくない」そんな気持ちで一生懸命練習しました。しかしある日、いつも担当していたお客様から、突然、「12 回コースを小野さんから買わせてください」と言われたんです。私は、コースもすすめていないのに、お客様からお願いされて驚きました。「いいですけど、なぜですか？」と私は尋ねました。そして、そのお客様に言われたのは「小野さんの技術は最高です。そして、小野さんには何でも話しができ、いろいろ教えてくれる、そして何よりも小野さんはいつも私のことを真剣に考えてくれているような気がします」

…私は涙が出るほど嬉しかったです。

私はもちろんこのとき初めて、お客様から高額なお金を頂きました。
このとき思ったことは、お客様に物をすすめなくても、しっかりとした技術を提供し、お客様のために親身になって接客することで売上げにつながるんだということです。このお客様がきっかけで私は 1 スタッフから、店長にまでなることが出来ました。

「技術」と「お客様を思う気持ち」は嘘をつきませんでした。

今回、この書籍をご購入いただいた皆様、本当にありがとうございます。多くのテクニックをご紹介させていただきました。この書籍を参考にたくさん練習していただき、テクニックを自分のものにしてください。でも、絶対に忘れていただきたくないのは、お客様を思う気持ちです。どんなすばらしいテクニックを持っていても、お客様を思う気持ちがなければ、そのテクニックは何の意味もありません。セラピスト、エステティシャンという仕事を一生続けていくために、ご自身のあり方を今一度考えていただく機会になれば幸いです。皆様の今後のご活躍をお祈り申し上げます。

小野浩二

Special Present

お客様の心をつかむカウンセリング術＆できるスタッフを育てる育成術

レポート10大特典 無料プレゼント

エステ王子のメルマガ登録で10大特典を無料でプレゼントします。限定300名様（登録はお早めに）

http://xtw.me/XEb3Cjv

✣ レポート内容 ✣

特典1　新規客をリピートさせるカウンセリング術

特典2　新規客とすぐに距離を縮めコミュニケーションがとれる接客法

特典3　入会率がアップする顧客タイプ別接客術

特典4　ついつい来たくなる、サロンでのキャンペーン、イベント7つの成功事例

特典5　売上を上げるスタッフを作る意識改革法

特典6　スタッフ育成のためのコミュニケーション術

特典7　**「スタッフ」と「オーナー / 店長」とのギャップを解消する方法**

特典8　スタッフをやめさせない育成法

特典9　スタッフがイキイキと働くサロンにするために必要なこと

特典10　Face book 基本講座　フェイスブックの活用法と友達を効率よく増やす方法

★★★さらにおまけ !!★★★

お客様からよくある答えづらいスキンケアに関する質問解答例

BOOK & DVD Collection

BOOK

ダイエット大学の教科書

美容や健康現場のプロとして、カウンセリングに活用したい方、健康について、正確で信用できるデータや知識を習得したい方、自分のストレスやホルモンがダイエットにどう影響しているのか知りたい方、効果がでるトレーニングの実践方法を知りたい方等…こんな方々にオススメです。栄養学などの基本知識から、本格的なエビデンスまで、ダイエットに関わるデータをギューーッと一冊に!

■目次：女性の肥満のなぜ？／肥満のなぜ？／遺伝と肥満のなぜ？／ストレスと肥満のなぜ？／睡眠と肥満のなぜ？／体温と肥満のなぜ？／食生活と肥満のなぜ？／運動と肥満のなぜ？／知っておこう！身体の基本／効果の出るトレーニング

●小野浩二／佐々木圭 共著　●A5判　●200頁
●本体 1,500 円 + 税

DVD

「美容」と「姿勢改善」のトータルケア

美姿勢筋トリートメント

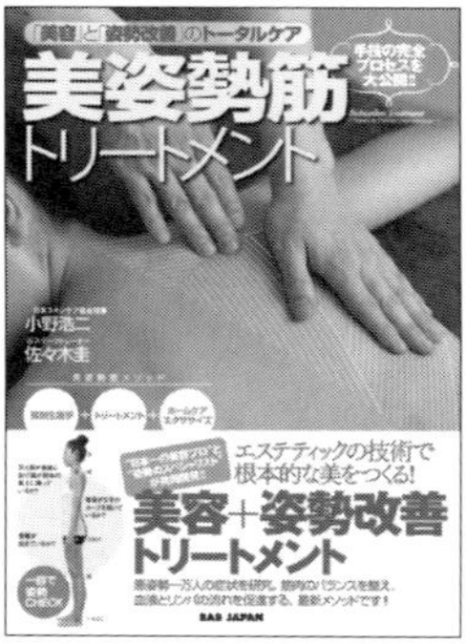

悪姿勢一万人の症状研究から生まれた、筋肉のバランスを整え、血液とリンパの流れを促進する、“日本一の美容プロ”と“姿勢のスペシャリスト”が共同開発した最新メソッドです。正しい姿勢をつくり、トリートメントすることで効果がより持続し、こんなサロンに行きたいと思わせることができます。

■目次：美容と姿勢の深い関係／トリートメントに必要な解剖学の基礎知識／現代の女性を悩ます 3 大悪姿勢とは?／「美姿勢筋トリートメント」の基礎知識／美姿勢筋ベーシックトリートメント／美姿勢筋タイプ別トリートメント／ホームケアエクササイズ

●小野浩二／佐々木圭 共著　●A5判　●160頁
●本体 1,500 円 + 税

DVD

美しい姿勢と筋肉がキレイをつくる

美勢筋トリートメント

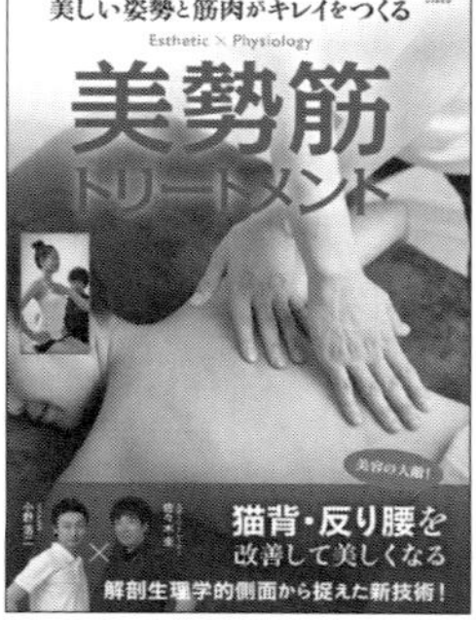

猫背、反り腰など、現代の女性を悩ます悪姿勢。これらは美容の大敵であり、改善すれば様々なメリットがあります。筋肉バランスを整え、血液とリンパの流れを促進し、健康的に美しい身体をつくる美勢筋トリートメント。解剖生理学的側面から開発された新しいメソッドです。　指導・監修：小野浩二／佐々木圭

■収録内容：●姿勢のはなし（理想姿勢とは／など）　●姿勢チェック方法（姿勢観察３面／姿勢チェック／ など）●姿勢タイプ別トリートメント（猫背に対するアプローチ［胸鎖乳突筋・僧帽筋・大胸筋・その他］／反り腰に対するアプローチ［大腿直筋・その他］）　●ホームケア（猫背改善［骨盤ゆるめ・その他］／他）

●収録時間 56 分　●本体 5,000 円＋税

著 小野浩二（オノ コウジ）

株式会社シードリーム 代表取締役。日本スキンケア協会理事 日本ダイエット健康協会理事。日本エステティック業協会認定講師。高千穂大学非常勤講師。アイエステティック美容専門学校講師。町田デザイン専門学校ビューティデザイン科講師国士舘大学体育学部を卒業後、大手エステティックサロンに勤務、社内で、技術、売上げ、カウンセリング入会率No.1になった経験を持ち本店店長を務める。日本エステティック協会創立35周年記念エステティックコンテスト全国大会で並み居る女性エステティシャンを退け「優勝」。「エステ王子」誕生で話題を集めている。現在はエステサロンのプロデュース、技術教育、メニュー開発などのコンサルティング業務もおこなう。また、国士舘大学大学院健康科学研究室でダイエットやエステティックの研究などもおこなっている。さらにエステティック専門誌への連載、講演、セミナー、執筆活動を行うなど多方面で活躍。著書に「即効小顔術」（ビジネス社）、利益を生み出す客単価アップの技術（ぱる出版）、DVD「メイクを落とさずにできるフェイシャルリフトアップ!」（BABジャパン）などその他多数。サロンオーナー交流会、メルマガのご登録はホームページから。

セミナー・スクールのお問い合わせもこちらから

公式ホームページ■http://www.esthe-oji.com
エステ王子で検索
お問合せ■mail@esthe-oji.com

★ Cover Design：清水淳一
★ Illustration：saki
★ photo: 千葉亜津子
★本文デザイン：サン企画
★モデル：松々野 慈

この1冊でサロンメニューが増える

サロンで使える 実践 基礎～応用 フェイシャルテクニック

2011年 5月31日 初版第1刷発行
2023年 2月10日 初版第5刷発行

著者 小野浩二
発行者 東口敏郎
発行所 株式会社ＢＡＢジャパン
〒151－0073 東京都渋谷区笹塚1－30－11 中村ビル
TEL 03-3469-0135
FAX 03-3469-0162
http://www.therapylife.jp
shop@bab.co.jp
印刷・製本 シナノ印刷株式会社
郵便振替 00140-7-116767
ISBN978-4-86220-601-5 C2077